山东大学（威海）主办
山东大学东北亚学院承办

编辑部联系方式：
地　　址：山东省威海市文化西路180号山东大学东北亚学院
邮　　编：264209
电子邮箱：dongyapinglun@163. com
电　　话：0631-5680812

(总字第28辑)
山东大学（威海）主办
山东大学东北亚学院承办

东亚评论

2018年　第1辑

张蕴岭◎主编

世界知识出版社

图书在版编目（CIP）数据

东亚评论 . 2018 年 . 第 1 辑 / 张蕴岭主编 . —北京：世界知识出版社，2018. 12

ISBN 978-7-5012-5894-9

Ⅰ. ①东… Ⅱ. ①张… Ⅲ. ①政治—东亚—丛刊 Ⅳ. ①D731-55

中国版本图书馆 CIP 数据核字(2018)第 256291 号

责任编辑 刘豫徽
责任出版 王勇刚
责任校对 马莉娜

书　　名 东亚评论（2018 年第 1 辑）
Dongya Pinglun（2018nian Di1ji）
主　　编 张蕴岭

出版发行 世界知识出版社
地址邮编 北京市东城区干面胡同 51 号（100010）
经　　销 新华书店
网　　址 www. ishizhi. cn
投稿信箱 lyhbbi@ 163. com
印　　刷 北京虎彩文化传播有限公司
开本印张 787 毫米×1092 毫米　1/16　13½印张
字　　数 174 千字
版次印次 2018 年 12 月第一版　2018 年 12 月第一次印刷
标准书号 ISBN 978-7-5012-5894-9
定　　价 39. 00 元

目录

主编笔记

百年大变局的思考

张蕴岭*

摘　要　世界正处在百年大变局之中，全球之变，地区之变，中国之变。中国处在变局之中，且是变局之中最有影响的因素。上个百年世界巨变，发生了两次世界大战，出现了冷战，也出现了战后的大发展，国际体系。这个百年，最重要的是防止发生大战，扭转气候变化趋势，推动可持续发展，构建基于和平合作共赢的命运共同体。

关键词　百年大变局　中国　发展范式转变　新科技革命　命运共同体

“百年大变局”这个提法是2018年6月中央召开的外事工作会议上提出来的。“百年大变局”是一个大的命题，涉及的问题很宏大，需要认真研究与思考。

一、为什么现在提百年大变局?

冷战结束以后，我们提出世界处在大调整的时期，现在提出是百年

* 张蕴岭，中国社会科学院学部委员，山东大学特聘教授。

大变局，这个提法不仅有新意，而且有深刻的含义。说到变局，首先需要考虑的是变什么？怎么变？变到哪儿去？还有需要认识变局的范围，如全球之变、地区之变、中国之变。把中国放在变局中来思考和认识很重要，因为中国不仅处在变局之中，而且是变局中最有影响的因素之一。我曾经写文指出，东北亚处在百年大转折的时期，是指中日力量的翻转，即由日本超越中国到中国再超越日本的变局，这种转变的影响更多的是在地区层面。面对全球之变、地区之变、中国之变，我们需要有全局观，有大视野，有中国视角，如此才可以进行战略性和全面性的研究，在“百年变局”这样一个大框架下提出创新理论和战略对策。

变什么呢？百年变局，我们先设定时间区间。这个百年是 2000—2100 年，那么，上个百年就是 1900—2000 年。我们再来看变局的基本内容，主要涉及秩序、发展与社会结构。秩序，主要包括国家间力量对比、关系结构、地区与国际机制；发展，主要是指经济增长、技术进步以及推动增长与进步的机制；社会，主要是指人口、社会制度、社会结构、社会思想的变迁等。所谓大变局，就是这些方面发生重大的变化 。

二、上个百年回顾

上个百年是世界发生巨变的百年，在人类历史上，是最具惊心动魄的百年。就世界秩序而言，最大的变局是发生了两次世界大战，美国掌握霸权，西方集团确立。再一个大变局就是发生了十月革命，共产主义运动兴起，苏联成为领衔大国，东方集团出现，二战后，两个集团发生对立，形成冷战。冷战对峙了几十年，以苏联解体、东方集团崩塌、美国成为一家独大的霸权为告终。还有一个大变局影响很大，就是民族独立运动兴起，西方主导的殖民主义制度消亡，发展中国家实现民族独立。

就世界发展而言，是一个大发展时期，经济总量以乘数效应增加。

从有统计的经济总量来看，上个百年的增长超过以前所有的时间增量的总和。推动增长的主动力是组织管理制度改善与新科学技术的发展，其主要的特征是生产管理更为科学，生产的自动化程度不断提高，因此，生产的效率大大提高。还有全球化得到大发展，绝大多数国家实行开放发展战略，加入到世界发展的进程——多边贸易机制与国际治理体系（包括国际货币基金组织、世界银行、货币体系等），这是过去没有的。经济全球化的发展推动国际生产网络的发展，生产、交换、资本的跨国化成为常态。不过，到上个百年后期，原来的国际关系、发展方式、治理体系都显露出老化，有的问题已经是“积重难返”，出现了“危机综合征”，到了非改不可的关头了。

就社会变局而言，影响最大的是西方走过发达阶段，进入后发达时期，工业化、城市化进程完成。在人口的社会结构中，“中产阶级”规模增大，建立起了社会福利保障制度，把全民纳入基本社保体系之中，同时，社会保障制度向更多国家扩散，几乎成为一种被普遍接受（包括发展中国家）的“普世价值”。不过，财富的集中化，或者说两极化加速，企业甚至个人的资产富可敌国，许多个人的财富超过了很多国家的财富总量。

让我们再来看一看地区层面的大变化。从格局看，欧洲的大变局最为突出，由战乱之地到安定地区，实现区域联合，创建区域治理制度。欧洲经历了长期的战乱，是两次世界大战的发生地，最后走向区域稳定，创建区域联合与治理制度，这是具有长远意义的大变局。亚洲的变化也引人注目，日本崛起后奉行侵略扩张，二战战败，战后被纳入美国领导的同盟体系。日本战后实现经济快速发展，成为发达国家。中国结束内乱，中华人民共和国成立，1978 年实施改革开放，实现了经济的快速发展，成为世界第二大经济体。东南亚逐步实现联合，建立了东盟，探索出一条符合东南亚的区域治理方式（东盟方式），取得显著成效。不过，亚洲的政治与安全还处在分割状态，冷战结束并未完全终结分割，特别是朝鲜半岛，没有结束战争状态。

从发展角度看，经济区域化凸显，形成三大经济中心，即北美、欧洲、东亚地区。美国经济二战后一家独大，成为拉动世界经济增长、资本与技术扩散的中心；欧洲经历世界大战的毁坏，二战后经济实现复兴，建成了基于全面开放与区域治理的统一大市场；东亚以日本经济战后复兴和中国实施改革开放为动力，逐步发展成为世界经济增长的重心，形成北美—东亚链接的亚太大区域框架，并且在此基础上建立了亚太经合组织（APEC）。

从社会角度，最大巨变是人口规模扩大，中国和印度成为超 10 亿的人口大国，非洲人口也大幅增长。在人口方面，发达国家人口增长停滞，老龄化凸显，人口分布出现新的不平衡，将会产生深远的影响。

当然，在上个百年的巨变中，思想文化的变化不可忽视，其中，影响最大的一是西方主导下的国际关系、国际秩序、国家治理的思想意识形态传播；二是以“十月革命”为动力的共产主义运动推动的思想、国际关系、国际秩序的思想意识形态传播。民族独立后的国家发展与国际关系大都受到这两种思想与意识形态的影响。

三、新百年变局

我们正处在新百年变局的前期，变局已经开始，出现了大变化的“前期综合征”，而综合征的最突出特征是乱、不确定性。前不久笔者写了一篇短文《没有答案的世界》，指出世界正处在大变革的时代，几乎涉及各个领域，尽管大变革的大趋势可以预测，但是，对未来变化的具体内容、方式与影响，还很难说清楚。比如，就国际关系与秩序而言，变革在发生，值得关注和思考的一个问题是，以往决定国际关系与秩序的主要因素是国家的力量，形成大国主导，甚至是霸权。如今，我们看到，基于大国主导的国际关系与秩序正在发生变化。未来，随着超国家的国际力量（经济、政治）构成、分布与作用方式的变化，由大国主导的国际关系与秩序模式会发生变化吗？人类是不是在这个百年能走出大国争斗的国际关系范式，走向一种基于“命运共同体”的新秩序呢？中国提出构建人类命运共同体，支撑命运共同体的主导力量是什么呢？命运共同体是一种什么样的架构呢？党的十九大报告中“命运共同体”英文翻译是“a community of a shared future for mankind”，意思表达得很清楚，命运共同体就是“共享的未来”。“共享的未来”显然不是一种制度，而是一种思想理念，也就是说是一种引导思想，即中国倡议以“共享的未来”为引领思想，来构建一种新的世界秩序。

百年变局是一个过程，会有反复，可能“百年无定式”，也就是说这个百年也可能还形成不了比较明晰的国际关系范式与秩序框架，还需要更长的时间。所谓“没有答案的世界”，意味着难以把握的巨大风险，但也提供创造的巨大空间。

世界发展处在大变局的旋涡中。影响大变局的两个重要因素，一是发展范式转变；二是新科技革命。发展范式的转变意义重大。工业化带来了物质的极大丰富，后来的国家都沿袭了西方工业化走过的道路赶超，结果，“积劳成疾”，出现了能源危机、生态危机、气候变化，导致地球生存危机，这是发展范式出了问题，走不下去了，需要新发展观、新范式。新范式是什么？是可持续的、绿色的，具体内容现在还很难说清楚，是一个创新与积累的进程。新科技革命以智能化为主导，上一次科技革命是以自动化为主导。新科技处在大变革的前沿，影响巨大，将改变我们的生活方式、生产方式、思维方式等，也可能是解决发展范式的“救命良药”。

从地区角度，现存的世界秩序渐变，区域治理的重要性凸显，在一些地区成为主框架。有些学者提出来未来统一的国际治理、全球治理框架可能在削弱，而且更多地体现在区域治理，这个问题值得研究。区域结构在重组，欧盟出了英国退欧，东亚形成以东盟为中心的区域对话合作机制，现在又出了个美国极力推动的印太。重要的是，区域秩序建立在什么基础上？上个百年形成了西方（美国）主导的安全同盟体系，今后，亚洲、非洲会走出旧体系，构建具有本区特色的安全合作体系吗？有人提出，亚洲必须走出由西方主导的秩序，转向东方思想引领的秩序。“亚信会议”提出，亚洲应该寻求建立符合亚洲特点的安全机制，亚洲很大，也很复杂，中东长期战乱，目前的冲突能否推动建立新的合作性区域秩序？东亚地区以经济为纽带建立了密切的联系，以东盟为中心开展了多层次的对话合作，这些是否是走向新秩序的预演？还有待观察。

从发展的角度来看，未来世界格局的最大变化是发展中国家崛起，改变上个百年形成的西方发达国家占据主导地位的格局。在这个百年中，预计到 2040 年左右，三大经济体的排序可能会是中国、美国和印度，这三个大国中，两个是后起的发展中国家。在新科技革命和发展范式的转变中，东亚能否走在潮流的前面？上个百年，西方引领了以自动化为标志的革命，现在，以马云为代表的创新者正在创建一种全新的经济流通方式，对未来的发展能有引领作用吗？新一轮以智能为标志的工业革命给地区赋予了新的含义，对还在发展中路途上的新兴国家有着新的导向作用。不过，新技术的扩散需要诸多条件，对于多数发展中国家来说，短板很多。重要的是，后发达国家的未来方向是什么？在这个百年，能有多少发展中国家摆脱所谓“中等收入陷阱”，步入发达的行列。最重要的是，这个百年，世界发展能否转向新发展范式，避免气候变化与其他大危机所带来的灾难。

四、百年变局中的中国

对中国来说，百年大变局具有特殊的含义，即在结束百年衰落后，走向民族复兴，实现中华复兴梦。按照设定的目标，到2050年，中国将步入发达国家行列，那么，再用50年，中国会成为一个什么样的国家呢？会在世界和地区发挥什么样的作用呢？重要的是，中国本身就是这百年变局中的重要因素，不仅涉及利用百年变局的问题，也涉及发挥什么样的作用的问题。

中国是世界大国，也是变局中的大变量，非同一般。中国领导人提出，中国走近世界舞台中央，要在百年变局中起引领作用。无论从中国自身，还是世界，中国建成发达国家，综合力量将居世界之首，这是最大的变局之一。目前的很多现象都与如何与一个崛起的中国打交道有关。美国最为紧张，担心中国超越、中国排挤、中国替代，等等，因此奥巴马总统制定"重返亚洲"（Pivot Asia）政策、特朗普搞贸易战等，试图遏制中国未来领先的势头。欧洲、日本等西方国家也对中国实行的不同制度模式大为担心。

中国怎么办？首先，中国还是处在迈向发达国家的进程中，还是发展中国家，不能停步，也不会因为贸易战而关闭大门，也不会与西方对抗，因为只有继续改革，坚持开放，才可以保证崛起的进程不中断。中国需要推动现行国际体系、国际秩序的改革，但不是要另起炉灶。就像中国提出"一带一路"倡议，遵循的原则是共商、共建、共享，提供的是开放的各方都可以参与的大平台。"一带一路"也是百年工程，需要长时间建设发展。"一带一路"具有地缘重构的大变局含义。我们知道，西方工业化以来，开辟的主要通道是海洋，通过"一带一路"建设，可以实现欧亚非的陆地连接，形成陆海双通道，这个变化意义深远。中国要做变局方向的引领者，这个引领本身也是变局的内容，即东方国家在世界中的作用回归。当然，中国要做思想引领者，需要一个开放的思想环境，不仅要自己走出去，也要让人家能进来，让思想、文化进行双向、多向交流，只有这样，才能在交往中提升影响力。显然，百年变局中的中国和中国与百年变局，这两个大课题都值得深度思考，值得深入研究。

专家笔谈

“重大事件”对国际关系的影响

——贸易战和中美关系

金灿荣*

当今，中美关系竞争面要大于合作面，这种情况要经历很长一段时间。过去四十年来是竞争面与合作面并存，有时合作面大一点，未来是竞争面占主导地位，我们要做好心理准备。关于中美关系的判断，原来有一个经常说的老话，中美关系好不到哪里去，也坏不到哪里去，现在可以说是，中美关系好不到哪里去是肯定的，坏不到哪里去却是未见得的。

中美关系发生大的变化，根本原因是中国超乎寻常的发展，美国把中国当成了主要对手。当然，中美关系也不是完全没有希望，但需要花力气处理好，不要发生大的对抗。过一段时间以后，美国会不得不接受中国崛起的事实。目前，中美关系刚刚进入转折阶段，美国难以接受中国快速崛起这个事实。中美要是不对抗有两个出路：一个是中国不发展了，这是行不通的；另一个就是美国最后接受事实，即接受中国的崛起。中国的崛起是阻挡不了的，只是这后一个出路需要时间。

现在，中美关系竞争性占主导面，是跟特朗普团队有关系的。特朗普特别重视贸易，另外他用的这批人是美国共和党的极端保守派，对中

* 金灿荣，中国人民大学教授，国际关系学院副院长。

国有偏见，选择在贸易上对我们发难。不过，美国打贸易战原因很复杂，不单是简单的经济原因。

从现实看，中美贸易逆差的确很大。按美国人的观念，只要对一个国家的逆差占到其整个逆差的接近一半，一定是要动手打的，20 世纪 30 年代打英国，80 年代打日本，现在打中国。

当然，还有战略原因，美国认为中国不再是合作伙伴，而是战略对手，这个战略定位影响很大。当然，也有美国国内的政治原因，就是中期选举，特朗普要打民意牌。

中美关系麻烦不少，贸易战只是一部分，更有影响的是所谓“中国威胁论”。面对美国的巨大压力，中国要采取措施，不能投降，如果投降，后面会接着来打，所以我们必须反制，反制也应该有理有节，主要是后发制人。就我们自己而言，要利用这个契机加快改革开放步伐，解决国内的问题，特别是要加强科技创新，掌握核心技术，创建经济增长的内在动力机制。

美国不是铁板一块，我们要做美国国内的工作，特别是要做美国地方的工作，也不要我们一家独斗，要加强国际合作。

中美之间的竞争还会持续，主要是美国经济出了问题。在 20 世纪 80 年代，美国搞金融化，结果整个经济虚拟化，经济一半是虚拟的。2008 年发生次贷危机，美国发现出了问题。美国人认为，中国全面掌控了制造业产业链，从低端到高端，中国制定《中国制造 2025》，这样美国就没有活路了，于是，特朗普政府要遏制中国的《中国制造 2025》。美国要让制造业回归，搞制造业为支柱的实体经济。这能不能成功呢？可能很难做到，从正常逻辑来讲，成功的可能性很小。

“钓鱼岛事件”的影响

杨伯江*

2012年9月，日本政府决定把钓鱼岛国有化，此举挑战了钓鱼岛争端的底线，导致两国关系恶化。钓鱼岛问题是中日两国围绕钓鱼岛及其附属岛屿主权归属所发生的分歧和争端，长期以来，即便1972年实现邦交正常化以后，钓鱼岛争端都是中日关系问题发作的一个病灶。

“钓鱼岛事件”不是偶然的，而是国际时局变化，特别是大国权力转移加速背景下出现的，它的影响也是多方面的。对中国的影响非常深刻而久远，概括起来可以这样讲，强化了中国的海洋意识、海权意识，推动海上维权体制的强化和完善以及海上维权能力的加强。“钓鱼岛事件”后，中国采取了一系列步骤来维护海上权益，包含在体制机制方面的强化和完善。其一，中国公布了钓鱼岛领海基线。根据《联合国海洋法公约》第16条，领海国要对自己的岛屿划基线，标明经纬度和坐标点，绘成图，公布出来，把副本交给联合国存档备案。这是宣示国家主权、维护海洋权益的一个非常重要的法律步骤。其二，中国加强了在钓鱼岛海域的巡航，也就是海上的维权和执法。2012年9月到2013年9月，一年中，中国在钓鱼岛地区的巡航达到了59次，此后基本上维持了每个月23次的频率，这是大变化、大进展，意义非常大。其三，中国宣布了东海防空识别区，其中包含了钓鱼岛海域，这也是非常重要的，日方先前单方面划定了防空识别区，其中包含了钓鱼岛，现在我们也设定了，包括

* 杨伯江，中国社会科学院日本研究所研究员，所长。

钓鱼岛，两个识别区有重叠。其四，调整和加强执法机构，海警全建制转为武警部队，过去海警归海洋局，执法力度受到影响。

日本单方面挑起钓鱼岛争端，加深了中日矛盾，同时也激化了中美矛盾。从日本的基本战略来看，将美国拉入钓鱼岛争端。在 2014 年、2017 年，两届美国总统都先后宣布钓鱼岛适用于《美日安全保障条约》第 5 条，该条所说的“领域”这个词，翻译有点问题，日语“领域”和中国“领域”是有区别的，它不是我们所说的学科领域，是指行政管理权所及范围内。日美在对华战略定位上是有高度一致性的，也就是说共同面对着中国崛起，有压力，压力很大，而且越来越大。日本关于钓鱼岛，关于中日关系，关于局势的话语建构，对于美国决策产生了很大的影响。日本长期以来对于日本与美国的公共外交、公关，做了非常细致的工作。

在亚太格局变化中，日本针对中国的因素越来越明显。中国的经济总量超过了日本，日本感到压力，日本要与中国竞争，力图以日本的质量拼中国的数量，要与中国拼外交，强化海上力量和对外岛的控制。安倍晋三首相是日本战后历任首相当中右倾思想最具体系性的，最有战略视野和构想的，属于鹰派。目前出现在中日关系中的好多迹象还是具有战略性的，我们与美日同盟和日本的战略博弈在发生，我们要做好长期打交道、长期周旋、长期博弈的心理准备。当然，中日也要在矛盾中寻求妥协空间，这是两国利益的需要。

“9·11事件”及其影响

吴白乙*

“9·11事件”发生在2001年，是美国本土第一次受到外部攻击，事情过去17年了，它的影响仍然留在我们现在的发展脚步当中，对于外部环境的影响依然是深刻的，而且其影响还在持续。

从二战后资本主义的发展角度看，“9·11事件”可能是一个转折点，即自由资本主义世界盛极而衰，表面上是恐怖行动，实际上是一个历史性的标志。今天看中美贸易战，实际上是盛极而衰的进程持续，是美国要力挽颓势的一种表现。

以美国为代表的资本主义体系“危机综合征”的首发点，可以说是“9·11事件”。它所反映出的问题，一是美国所代表的国家形态、治理模式出现了问题；二是世界范围、国内社会不公越来越显著，矛盾激化；三是美国强权对外政策，冷战后，从1991年海湾战争开始，中东地区的传统矛盾像打开了一个潘多拉盒子，反抗非常激烈。从那个时候到现在17年了，反抗的力度和范围仍在进一步扩大，它的标志性意义就是秩序开始变化，危机综合征进一步加深。

“9·11事件”的本质和内涵非常值得我们重视。在20世纪后期有学者已经提出了文明冲突的概念，大家不同意。今天看，以宗教和民族对抗为表现形式，内核是价值观体系的冲突。表面上说是同教和异教的激烈搏杀，但背后有很深的大背景，民族主义思潮泛滥，反全球化从那个

---

* 吴白乙，中国社会科学院美国研究所研究员，所长。

时候，或者是更早，已经开始了。

“9 · 11 事件”所反映的安全观念和战争形态的演变也非常深刻。在那之后，美国很快就发动了两场战争，第一次提出了打两场战争的军事理念。“9 · 11 事件”所带来的是美国生活方式的巨大转变，法律强制性的介入，使得隐私权受到干预，还有就是军事思想和战略观念，原来是国家为对手，而这两场战争实际上打的是恐怖组织。再就是，大国首次承认非对称的军事手段有巨大威力。

“9 · 11 事件”推动了大国关系地缘战略国际政治的转变。大国关系在小布什最初上台的时候，确实是把矛盾对准崛起的中国这样的大国，但是，由于反恐战争，很快美国的枪口就调转了。这对于当时的大国关系和地区秩序都产生了深远的影响，促使中国战略思想和行为的加强。美国在两场战争之后转变战略，大力推动中东地区的民主化，其结果是失败的。美国的政治内向化转变对国际关系产生很大影响，大国关系一时间下降为次要的关系，大国之间出现前所未有的合作。但是，持续一段时间后，我们看到，今天的大国关系又变了，最深刻的是大国之间，包括特朗普提出的贸易战，也是大国政治内向化的一种表现。

“9 · 11 事件”还推动了全球治理的发展。过去，大家靠美国，美国受到袭击，全世界普遍感到了不安全。现在非政府恐怖组织泛滥，社会极度不公，大家认识到需要加强全球治理合作，制定全球治理议程，但是全球治理很难，核心问题是均衡发展和公平分配都远未解决。

重大事件与中美关系

王灵桂*

重大事件，无论是“黑天鹅”，还是“灰犀牛”，都对国际关系影响很大。最近一段时间的大事件，就是特朗普从2018年3月22日起发起了中美贸易战，或者说美国搅起了全球性贸易战。贸易战是美国追求自身利益的一个手段。中美贸易战是美国在新时期的战略调整，在美国优先的主张下，创建有利于美国利益的环境和条件。美国试图利用它在各个方面的优势，谋求取得有利于美国自身利益的一个新秩序。

我们为什么要制定《中国制造2025》，就是要提升我们的创新能力，提高竞争力。目前，以高技术差距来讲，我们32%是空白，52%是进口，重大领域是95%靠进口，在航空航天、精密机床、芯片等涉及核心技术方面的进口率是95%。这样的形势给了我们考虑问题的一个出发点。中美贸易逆差并不是中美关系最核心的议题，中美贸易问题也绝对不是美中关系的全部，核心问题是未来的趋势，是中国赶超美国的趋势。当然，贸易问题确实能够调动美国国内最敏感神经，特朗普抓贸易问题也可以影响美国国内政治。

中美之间的矛盾不仅体现在贸易领域。在南海问题上，中美之间的矛盾也在增大。一个时期以来，美国派军舰进入我们在南海的领海区域，挑衅我们的南海主权。特朗普就任之后，将南海的航行自由常态化、机制化的趋势越来越明显，通过地区场合和外交机制，用进入南海问题向

* 王灵桂，中国社会科学院亚太与全球战略研究院研究员，副院长。

中国施压的力度也加大。尽管表面看起来，特朗普本人在很多场合对南海问题保持低调，但自从他就任总统以来，已经把南海问题纳入其战略视野。

谈论重大事件，要对网络问题给予高度重视。世界上所有国家的网络地址都是由美国分配的，从这一点看，只要美国人动动手指，敲两下鼠标就可以限制其他国家的网站访问网速，甚至是直接掐掉所有的网络。对于这个问题，我们不仅要重视，更要有准备、有手段、有能力。我觉得，这个问题对中国未来发展的影响可能会比芯片更加严峻。如果我们在这一方面研究不够，一旦出现“黑天鹅”，特别是“灰犀牛”等事件，无论从哪个方面都会对我们产生巨大影响。

中日关系与命运共同体构建

黄大慧*

对于中日关系未来如何认识，我们可以把时间点先设定到2022年。为什么是2022年呢？因为该年是中日邦交正常化的50年，这个时间点很重要。这个时间点前后有一些大事情：2021年是中国所设定的第一个一百年目标，中国不允许有其他因素来干扰这个目标的实现，需要有一个稳定的国际环境，需要有好的周边关系，尤其是中日关系的稳定。2022是北京的冬季奥运会年，中国也需要一个好的环境把它办好。在此之前，2020年是东京夏季奥运会，日本方面需要一个相对稳定的环境保证把奥运会办好，为此，也需要一个比较好的中日关系。这样看来，未来几年是中日关系的稳定期。

把眼光放得更远一点看，中日关系总体态势还是处于一种竞争为主的关系，或者说是竞争与合作并存，竞争性更突出的关系。为什么这么说呢？主要因素是中国继续崛起，将进一步改变地区的力量和关系结构。日本把中国当成21世纪最大的外交战略课题，把中国当成一个最主要的竞争对手。这是日本主流的看法，不会因为短期因素而发生转变，对日本来说，这是大战略方向问题。

中美战略竞争或者说是对抗性竞争加剧，日本主要还是会站在美国一边。尽管日本在经济领域里面需要与中国的合作，但毕竟日美同盟是基础，是日本的战略依托。由此判断，虽然中日关系在缓和，但影响中

* 黄大慧，中国人民大学教授，国际关系学院副院长。

日关系的根本性因素没有发生大变化。日本也会拉拢其他国家来制衡中国。这是日本外交的一个总趋向，用日本人的话来表达，是制衡和协调的关系。

从冷战结束后到 2010 年，中日关系中尽管有竞争，但合作的因素占上风。从日本来看，这是它回归亚洲的一个阶段。在这个阶段中，日本更加强调的是东亚的概念，为此，日本积极参与东亚地区的合作。但 2010 年以后，情况发生变化，日本对其东亚政策进行了战略性调整，更加重视跟美国的合作，这样，中日关系中的竞争因素就凸显出来了。日本参加了奥巴马推动的《跨太平洋伙伴关系协定》（*Trans-Pacific Partnership*，*TPP*），又在特朗普总统宣布退出 TPP 后，担当起了领导责任，推动签署了没有美国参加的《全面与进步跨太平洋伙伴关系协定》（*Comprehensive Progressive Trans-Pacific Partnership*，*CPTPP*），接着，日本与欧洲签订了高版本的紧密经济伙伴协定，日本在开放农产品市场上做出了重大让步。显然，日本大幅度调整了战略，日本这样做，有应对特朗普贸易保护主义、单边主义的意图，但更有通过占领规则制订的制高点来应对中国崛起的战略考虑。

日本是经济大国，能发挥作用的主要是在亚洲经济领域，美国撤了，日本走上前台，安倍主张要做维护自由贸易的旗手。在区域定位方面，中日是有分歧的，日本着力推动扩大了的东亚，把印度、澳大利亚、新西兰和美国拉进来，而中国更重视东盟+中日韩（10+3），强调地缘因素。日本对 10+3 有疑虑，担心中国主导。中日两国竞争性强，难以真正携手推进目标一致的地区合作。尽管日本对中国的防范不是说短期内能够改变的，但在中日关系转暖的情况下，中国也要积极推动，顺势而为，合作总比不合作好。

国际关系转型背景下的人类命运共同体建设

周方银*

中国周边的局势问题不少，看起来剑拔弩张一触即发，似乎马上就要打起来了。但实际的结果是，所有热点问题都得到了比较好的掌控，都没有转变成实质性的武装冲突。中国周边热点问题的发展跟中东地区热点问题的发展有明显不同，一方面，是多方面因素作用的结果，另一方面，肯定跟中国自己的行为有很大的关系。

中国是一个传统大国的行为方式，跟西方不一样。不管是在朝核问题，还是在中印边境问题上，都是如此。在有这么多热点问题存在，且一时半会也不能完全解决的情况下，中国政府依然提出了构建人类命运共同体的倡议，体现了中国在国际事务中的一种行为方向。我们看美国，特朗普总统搞美国第一、美国优先，即美国的利益最重要，而相比之下，其他国家的利益不重要，甚至非常不重要，如果其他国家妨碍了美国利益，美国可能就会采取强制的手段来解决。中国不同，中国倡导人类命运共同体构建，是在维护自己利益的同时，对其他国家的利益也给予应有的重视。比如在南海问题上，如果我们不是提倡命运共同体，只考虑自己国家的利益，在我们相对所有东南亚国家都有很明显优势的情况下，结果可能就会不同。

---

* 周方银，广东外国语大学教授，国际关系学院院长。

人类命运共同体不是一般的理念，要把它放在正在崛起的新兴大国的外交政策上来看待。由此产生的一个问题，人类命运共同体政策是什么？它是不是要求有一些相对应的政策，如果我们把人类命运共同体确定为外交政策，那么毫无疑问对外交政策手段的选择要有限定，要求我们对于一些热点问题，包括是有明显冲突性的时候，不能用传统的手段处理，需要遵循新的理念。一般来讲，大国往往用扩大冲突来更好地实现自己的利益，而构建命运共同体就不一样，要通过协商的方式、合作的方式，创建共同的利益。

人类命运共同体构建是一种责任意识，大国在国际上就要体现大国的责任。中国提出人类命运共同体有几年了，这几年中我们面临的国际环境不是很好，包括中美贸易战。但中国没有因为维护国家利益、核心利益和重要利益而放弃人类命运共同体的提法，相反，而是进一步提高了其在外交中的地位，甚至将其抬到了更高一些的地位。

从短期看，好像与国际局势的发展不吻合，但是，沧海横流方显英雄本色。在变化的国际背景下，构建人类命运共同体，我们需要有高度的战略耐心。从宏观层面来看，尽管现在整个国际形势不确定性在增大，大国关系好像不是向命运共同体这个方向发展，但从微观层面看，从人与人的关系、企业与企业的关系看，离人类命运共同体更近而不是更远了。从另外的角度来讲，人类命运共同体以人类视角来推进国际关系，这是各国关系的一种改善，不管现实国际关系如何演变，微观是不可改变的，这个是构成人类命运共同体建设的一个现实的长期的基础。国际关系的维护，经常是合作之后有冲突，冲突之后又有合作。现在国与国之间关系的复杂性，包括发展阶段的差异性，包括很多纠纷背后，都有很多的因素。从这个角度来讲，人类命运共同体的建设肯定不可能一帆风顺，会有很多的挑战和波折。但是，在挑战和波折的形势下，我们不是要去加剧，而是去缓解、管控负面影响，在克服挑战的过程中增加合作的因素。

人类命运共同体的建设是一个长期复杂的过程，它的发展具有阶段性和过程性，现在是处在一个早期阶段，是一个奠定基础的阶段。在这样一个阶段，要积极掌控各种问题，为紧张局势降温，为命运共同体的构建创造基本的条件，在这个基础上，深化国与国之间、社会与社会之间、人与人之间的联系，持之以恒，必见成效。上海合作组织推动安全领域的协商与合作，自贸区协定推动市场开放与合作，客观上都具有这种作用。人类命运共同体建设并不需要专门设定项目、框架、召开会议，而是体现在推动国际合作的外交行为之中。

海洋安全危机背景下
海洋命运共同体的构建

张景全*

自西方开始大航海时代以后，我们所能接触到的所有关于海洋的概念、话语、体系、理论乃至于方法都来源于西方。随着发展中国家，特别是中国的崛起，一个新的时代开启了，海洋事务、海洋理论、海洋话语权也会改变。构建海洋命运共同体是一个很重要的话语驱动，即从海权的叙事转化为以海洋利益共同体为核心的叙事。

西方的海洋叙事主体一般都是国家，以国家为核心来探讨海洋事务，比如说我们熟知的海权论。海权论就是为国家在海洋上谋权益、争利益，这是所有的关于海权论核心的一个表达。它的主体就是国家，在这种国家主体价值下，人类在海洋发展过程中走过了海洋控制的阶段。如今，海洋控制阶段发展到了海洋发展和海洋治理阶段，需要一个新的主体假设，就是说，海洋事务不仅有国家，而且有人，人应该作为海洋事务的一个主体。海洋命运共同体构建如果继续沿着国家主体演进，就会走向冲突。因此，构建海洋命运共同体，主体假设应该从单一转化为多元，具体而言，有三个主体群落：一是国家，二是人与海洋生物，三是海洋非生命群落。这里强调具体和多元，尤其是海洋生物和海洋非生命主体假设的设定，具有颠覆性的意义。

* 张景全，山东大学东北亚学院教授，博士生导师，副院长。

以往谈海洋，一是权力，二是利益，从权力到利益，就是从冲突到冲突的贯串。海洋事务走过了海洋控制，转向海洋开发和海洋治理，但我们发现，到治理的时候遇到了困境，依然受权力与利益制约。因此，构建海洋命运共同体，要对共同体的要义有所拓展，也就是说从权力、利益，扩展到权力、利益和伦理。中国的哲学文化里面有大量的关于人类伦理的设定和假定，比如说上善若水，人和自然的和谐统一，比如说当尽则尽，当止则止，这些都有伦理的关怀。伦理是一种道德观，也是责任观，具有非排他性的内在本质特征。因此，构建人类海洋命运共同体需要讲权力，也需要讲基于道德与责任的伦理，这就有了中国的叙事，有了中国的话语，有了话语的能力建设，这样才可以增进关于构建人类命运共同体的共识。

区域政治研究中的理论创新

——兼论区域化与安全化悖论

张景全*

摘　要　区域政治研究正处于理论爆发的前夜。区域政治研究中的理论创新，需要突破传统地缘政治学的桎梏，需要突破社会科学与自然科学的藩篱，需要把握主要矛盾与次要矛盾的转换。由不成熟区域化与成熟区域化、区域化意向与区域化现实两对子概念构成的区域化与安全化悖论，是区域政治研究中理论构建的一个尝试。

关键词　区域政治　理论创新　区域化与安全化悖论

区域实践与研究表明，区域研究已经处于理论大爆发的前夜。从实践来看，国际上的区域发展实践已经走过了诸如欧盟之路、东盟之路，等等，国内的区域发展实践更是方兴未艾，如今早已经形成了国际、国内区域发展的繁杂互动。人类实践已经证明，一种实践之后必然带来相应认知领域的回应。同时，人类实践也已经证明，无论是发达国家，抑或是发展中国家，在谈及区域发展时，它依然是一个共同的命运话题。①

---

* 张景全，山东大学东北亚学院教授，博士生导师，副院长。

① 例如，美国“锈带”对特朗普的支持，以及特朗普“美国优先”政策强调购买美国产品、雇用美国员工；都反映出这一基本的事实：即便是美国也面临着发展问题。

因此，区域发展，不仅仅是一个中国课题，也是一个世界性课题。区域政治研究作为区域研究的一个重要方面，也需要不断进行反思与创新。本文首先就新时代我国区域政治研究中的理论与方法创新谈一点浅见，随后提出区域化与安全化悖论的理论尝试。

一、新时代我国区域政治研究中的理论创新

（一）传统地缘政治学的桎梏需要突破

在构建区域政治研究的理论与方法时，我们既要学习既有的地缘政治学，更要借鉴与批判传统的地缘政治学，但绝不能仅仅是照搬批判地缘政治学。无论是传统地缘政治学，抑或是批判地缘政治学，都是人类对地理资源禀赋如何影响与塑造行为体思想与行为的有益思考。但是，从目前来看，传统地缘政治学作为一门古老的国际关系学说，对我国融入世界、推进区域发展、构建区域理论与方法，存在着巨大的负面影响。其中，在此谈两个比较突出的例子，即“陷阱论”与“冲突论”。

目前，我们似乎生活在各种陷阱之中。人们熟知的有，“修昔底德陷阱”“金德尔伯格陷阱”“塔西佗陷阱”“中等收入陷阱”，等等。其中，“修昔底德陷阱”是区域发展中似乎无法逾越的宿命。在一个特定区域内，力量与观念配置发生变化，就会产生挑战者与守成者，于是，两者的冲突便不可避免。从区域发展的角度来看，“修昔底德陷阱”只是对有限区域的历史进程的有限和有选择的概括或总结，简言之，它只是局部经验的不完全总结。与此同时，由于区域发展存在着不同步，出于各种原因，区域内行为体与区域外行为体的利益与意志会利用这种区域发展的不同步，于是，“修昔底德陷阱”就成为人们常用的甚至无须审慎思考的词汇或概念。与区域政治研究的理论与方法创新的艰难相比，“陷阱

论”总是既显得高大上，又可信手拈来。各种“陷阱论”既可能成为区域发展实践中自我实现的预言，也可能成为区域政治研究理论与方法创新中的紧箍咒。

目前，我们也似乎生活在各种冲突之中。人们熟知的有，“海陆冲突论”“挑战者与守成者冲突论”“邻国冲突论”，等等。“海陆冲突论”认为，海权国家与陆权国家必然发生对抗与冲突；“邻国冲突论”认为，邻国比邻而居必然发生冲突。事实上，在一个特定区域内，邻国比邻而居是常态，海权国家与陆权国家共处一域也是常态，“陷阱论”“冲突论”乃至“零和博弈”，很大程度上是西方强调差异、界限的个体主义思维的产物。如果受制于这些传统地缘政治谶语，强调区域整体、具有很强群体主义思维的区域发展从何谈起？区域政治研究的理论与方法创新从何谈起？因此，从群体主义思维出发构建区域研究的理论与方法，是一种有益的路径。幸运的是，我国存在群体主义实践与思维的传统与积淀。

无论是“陷阱论”，还是“冲突论”，长期流行于西方学术界。目前，我们一些学者也沉浸于此。如果我们继续受制于这些传统地缘政治学的咒语，何以构建起新时代的区域理论研究？历史已经无数次证明，几乎所有的学术创新都是对既有认知的突破或者反动，唯有摆脱传统地缘政治学的一些陈旧观念，区域政治研究的理论与方法创新才有希望。

进行区域政治研究的理论与方法创新，需要我们在学习与批判传统地缘政治学的同时，也需要我们具有理论自觉与理论自信。这既需要研究工作者展开积极的创新思考，也需要各学术平台尤其是学术期刊给予足够的支持与包容。根据笔者自己的亲身体验，区域政治研究的理论与方法创新，往往在一些学术平台或者学术期刊环节，受到更多的质疑或者负面影响，因为，一些学术平台或者学术期刊，往往对新的学术概念、理论或者方法，采取怀疑的态度，认为不够成熟，有捏造概念之嫌，或者离经叛道之虑。这就导致一些研究者提出的一些有见地的学术概念、理论或方法，在遭受一系列投稿失败后，可能销声匿迹。因此，我们既需要打破传统地缘政治学的桎梏，又需要区域政治研究者与区域政治研究平台、学术期刊的创新与包容，广开学缘，让具有创意的学术思想能够生长与展现。如果说我们的区域政治研究理论与方法创新需要克服传统地缘政治学的桎梏，那么，区域政治研究的理论与方法创新也需要克服传统学缘政治学的偏见。

（二）社会科学与自然科学的藩篱需要突破

尽管传统地缘政治学对于构建新时代区域理论与方法的功效需要辩证的分析，但是，我们必须时刻清醒的是，一门新的社会科学的诞生，需要遵循科学发展的基本规律。区域研究是一个跨学科与多元方法的交叉研究，但遗憾的是，大多数研究基本上是在自然科学方面的交叉，抑或是在社会科学方面的交叉，在多数情况下，自然科学与社会科学在区域研究的世界平行运动。笔者认为，新时代中国区域理论研究（包括区域政治理论研究）需要走社会科学与自然科学相结合的路径。尽管饱受诟病，地缘政治学诞生的学科路径，还是为我们昭示了这一点。

在学术梳理的过程中，我们注意到，恰恰是自然科学的地理科学与社会科学的近代历史学于20世纪初在麦金德大脑中的相遇，诞生了地缘政治学。从此，地缘政治学作为一门古老的学科繁衍不断，生息不止。目前，大多数区域政治研究，基本脱离了自然科学方法与社会科学方法交叉运用的轨道，在平行的世界里探究着区域的世界。因此，这提示我们，在新时代中国区域理论的构建中，要基于区域问题的发展规律，打破单一研究方法的迷思，克服学科分类的精细化，让自然科学方法与社会科学方法在21世纪区域理论与方法的构建中再次相遇。

长期以来，在传统区域理论研究中，基本上是社会科学的独角戏。不可否认，自然科学与社会科学的交叉与耦合，产生了一系列具有开创性的区域理论与方法，助推着国内外区域研究的方兴未艾。然而，新时代的发展，需要我们打破社会科学与自然科学的藩篱，在社会科学与自然科学的对接中，构建区域研究的理论与方法。例如，一个物种在特定区域的引进，对区域的自然生态与人文生态，都会产生深远的影响，这需要自然科学与社会科学的叠加研究。交通改观、气候变迁、性别构成、年龄比例，等等，对一个区域的社会影响正在引起越来越大的关注，自然科学的区域参与将在传统社会科学主宰的区域社会中产生难以估量的蝴蝶效应。事实上，一个区域的变迁，是自然与社会互动的结果，这需要自然科学与社会科学的叠加研究。

中国社会中自然科学与社会科学的恩怨情仇，也昭示我们去思考。在相当长的历史时期内，我国曾经产生了辉煌的自然科技成果，但是在经过漫长的演进后，中国在近代被西方远远地甩在了后面。我们都知道，英国学者李约瑟（Joseph Needham）在其编撰的《中国科学技术史》中提出了著名的李约瑟之问：尽管中国古代对人类科技发展做出了很多重要贡献，但为什么科学和工业革命没有在近代的中国发生？对李约瑟之问的解答林林总总，但笔者认为，中国传统社会长期重视社会科学轻视自然科学，自然科学很难与社会科学进行有效融合，这是导致中国古代产生了丰富的科技发展但无法产生科学与工业革命的原因之一。令人遗憾的是，改革开放以来，又出现重视自然科学而轻视社会科学的现象。中国自然科学与社会科学似乎更愿意相望于江湖，而不愿意琴瑟之和、双剑合璧。因此，在新时代，中国的自然科学发展与社会科学发展，需要走融合之路，区域研究为这种融合提供了场域与机遇。这也是中国科学崛起、理性崛起、自信崛起、和平崛起的时代需要。

在新的历史时期，展开科学的区域发展建设，构建智慧区域、生态区域、和平区域，需要我们进行区域理论与方法创新，区域研究，包括区域政治研究，不仅仅需要大数据，也需要大学科，走自然科学与社会科学相结合之路，为此，新时代区域理论与方法研究才有可能更上层楼。

（三）主要矛盾与次要矛盾的转换需要把握

区域发展需要投入资源，同样，区域政治研究也需要投入资源。在这些方面，我国在各个区域投入了大量的人力、物力与财力，既有成功的区域发展案例，也有不尽人意的区域发展案例。我们走过区域发展实践与区域研究之路这么久，需要不断总结，以利于区域理论研究的构建与提升。这里，我们需要回答的问题是，为什么在投入资源后会产生不同效果的区域发展案例？

笔者认为，区域政治研究的理论与方法创新，需要关注主要矛盾与次要矛盾及其转换，这对资源投入后的功效影响巨大。无论是政策制定者，抑或是理论研究者，都需要时刻提醒自己的是，自己掌握的资源永远是有限的。既然资源永远是有限的，在一定时期内，就需要把有限的资源投入到关键之处，就需要认清区域发展的主次矛盾。以东北亚区域发展为例，我国已经在东北亚区域发展与区域政治研究上投入了大量的人力、物力与财力，产生了大量研究机构，发表了丰富的研究成果，但遗憾的是，在东北亚区域，我们几乎所有担心的事情都发生了。朝鲜半岛核问题，我们一直以来奉行的是无核化，但是，朝鲜不仅仅连续进行核试验与导弹试验，而且已经宣布自己为拥核国家；中日关系与中韩关系，我们一直奉行中韩友好、中日友好，强调一衣带水、唇亡齿寒，虽然我们付出了坚实的努力，一度取得了喜人的成果，但是，因为萨德问题中韩友谊之船便处于波涛之中，因为购岛事件中日关系至今政冷经冷。可见，尽管我们在东北亚区域投入了大量的资源，在区域政治研究领域也产生了大量的成果，但为什么我们担心的事情几乎都发生了？这难道不需要我们这些从事区域政治研究的学者们进行反思吗？！

尽管对此见仁见智，但笔者认为，区域政治研究没有抓住主要矛盾，没有把握主次矛盾及其转换，难辞其咎。在东北亚区域国际关系中，存在着大量的双边与多边关系，如何很好地处理这些区域国际关系，长期以来我们的东北亚区域政治研究机构及其研究人员，因为语言、经历与知识结构，形成了自己熟悉哪个国家或者语言，就会关注中国与哪个国家的关系，就会把研究机构或者个人资源投向哪个双边或者多边关系里，这便造成了我们对东北亚区域国际关系的主要矛盾与次要矛盾界定混乱，甚至于忽视主次矛盾，经年的区域政治研究后，是持续的区域国际关系困境，往往我们担心什么，什么就会发生，区域政治研究无法摆脱“墨菲定律”。

因此，区域政治研究的理论与方法创新，需要研究者时刻提醒自己，在理论与方法设计时，厘清这样的基本问题：本区域的主要矛盾是什么？次要矛盾是什么？主要矛盾与次要矛盾之间存在着怎样的转换？只有把握了这些基本的矛盾论问题，区域政治研究的理论与方法创新，才会行稳致远。

二、区域化与安全化悖论之
不成熟区域化与成熟区域化

区域政治研究的理论创新，任重而道远，评易而树难。有鉴于此，本文将提出自己的区域政治理论，即区域化与安全化悖论。

区域化与安全化悖论的假设是，随着区域化的推进，也伴随着区域安全恶化，这与区域化之后会出现区域安全状况改善的传统认知相悖。这种假设在区域化的典范欧盟与区域化的新星东亚，都有较为明显的表现与印证。众所周知，欧盟区域化一度高歌猛进，但目前欧盟深陷难民危机、恐怖主义危机等一系列危机之中，英国已经退出欧盟。东亚虽然存在强劲的区域化动力，但深陷朝鲜半岛危机、海洋危机等。

为了进行区域政治的理论构建，本文将提出不成熟区域化与成熟区域化、区域化意向与区域化现实两对子概念，以论证自己提出的区域化与安全化悖论。

区域化分为不成熟区域化与成熟区域化，两者存在相互转化，导致区域议题被贴上安全标签的可能性增强，这促进了区域化与安全化悖论的形成。

不成熟区域化是指，区域资源配置缺乏系统与持久的制度性安排，区域资源配置主要依赖权力与现实主义的逻辑。不成熟区域化的区域与阶段，区域主导权之争一直非常明显。这是因为，不成熟区域化伴随着区域资源配置缺乏系统与持久的制度性安排，此时的区域资源配置主要依赖权力与现实主义的逻辑，但区域要素的彼此互动程度已经提升。为了使本国处于更为有利的位置，区域主导权就成为区域大国谋求的目标，区域议题被区域成员视为安全议题的可能性更大，区域博弈依然沿着权力冲突的现实主义路径推进。因此，不成熟区域化的阶段与区域，更容易爆发冲突或战争。

成熟区域化是指，区域资源配置依赖系统与持久的制度性安排，区域资源的配置主要基于区域制度与自由主义的逻辑。成熟区域化的区域与阶段，区域主导权之争有所弱化。因为，成熟区域化伴随着区域资源配置系统与持久的制度性安排，区域资源的配置更多依赖于区域制度与自由主义的逻辑，区域成员对通过制度与规范的力量获取收益的预期逐渐大于通过权力与战争获取收益的预期，区域成员主导权之争更多地体现在对制度与规范的制定权之争。例如，对于曾经由美国主导的《跨太平洋伙伴关系协议》（TPP），一些美国学者也坦言，《跨太平洋伙伴关系协议》存在着强化美国与亚太地区盟友的关系，维持美国在亚太地区的影响力，以及增进美国的安全等多重政治与安全目的；[①]《跨太平洋伙伴关系协议》是美国通过重新调整国际经贸规则来制约中国发展的战略工具，也是美国锁定在亚太地区安全与经济主导地位的主要切入点。[②] 成熟区域化的区域与阶段，由于配置区域资源的制度网格化、制度信号释放与力量缓冲作用，区域议题的安全化烈度与层级会低于不成熟区域化的区域与阶段。

存在不成熟区域化与成熟区域化，便存在两者转化的问题。人们看到与关注的更多的是不成熟区域化向成熟区域化的转化。此时，区域资源配置由依托权力沿着现实主义路径推进向依托制度的自由主义路径转向，矛盾与冲突不断，区域议题向安全议题转化的频率与烈度可想而知。然而，不仅仅存在不成熟区域化向成熟区域化的转化，也存在着成熟区域化向不成熟区域化的转化，后者也会导致区域议题向安全议题转化。随着区域化收益递减导致区域化收益预期降低，[③] 一些身处成熟区域化区域与阶段的成员对资源配置的现有制度安排产生失望，会出现修正或抛弃现有区域制度的动议与行为，这些修正或抛弃现有区域制度的冲动一方面会直接通过制度安排本身将不安释放给区域甚至区域之外，另一方面也会促使区域成员重拾权力与现实主义逻辑，导致区域化与安全化悖论恶化。事实将证明，21 世纪成熟区域化向不成熟区域化转化对区域安全的冲击会不亚于不成熟区域化向成熟区域化转化的冲击。因为，如果

① Bernard K. Gordon, "Trading Up in Asia: Why the United States Needs the Trans-Pacific Partnership," *Foreign Affairs*, Vol. 91, No. 4, 2012, p. 17.

② Mireya Solís, "The Trans-Pacific Partnership: Can the United States Lead the Way in Asia-Pacific Integration?" *Pacific Focus*, Vol. 27, No. 3, 2012.

③ 区域化收益递减，不仅仅体现在经济或者政治层面，而且体现在经济与政治的互动层面。例如，李晨阳和高程认为，"以经促政"战略核心是通过"让利"和"增加周边国家对中国经济上的依存度"促使中国与周边国家政治关系发展，但随着美国对东亚安全关系的介入加深，东亚中小国家在享受中国经济红利的同时不必考虑给中国以政治安全方面的回报，经济手段的政治效用出现递减。李晨阳：《对冷战后中国与东盟关系的反思》，《外交评论》2012 年第 4 期。高程：《周边环境变动对中国崛起的挑战》，《国际问题研究》2013 年第 5 期。

说不成熟区域化向成熟区域化的转化给区域带来了未知的希望与安全，那么成熟区域化向不成熟区域化的转化给区域带来的则是现实的失望与不安全。

不成熟区域化与成熟区域化及其转化，为我们提供了重新诠释世界历史演化的新视角。如果把区域化的历程退回到20世纪的历史，我们会发现，恰恰是最早出现不成熟区域化的欧洲经历了第一次世界大战与第二次世界大战。[①] 如果以区域化与安全化悖论解释何以欧洲成为两次世界大战的爆发地，我们会发现，欧洲区域化最早，但彼时的欧洲属于不成熟区域化，这种不成熟区域化伴随着区域资源配置的现实主义逻辑，必然会诱发激烈的欧洲主导权之争，刺激安全议题泛滥，不断激化区域矛盾，最终爆发区域性战争。这也解释了为什么欧洲区域化一直伴随着法、德、英三个欧洲传统大国的世纪性拷问，究竟是法兰西的欧洲，还是德意志的欧洲，抑或是盎格鲁-撒克逊的欧洲？随着区域化在世界的蔓延，安全化也在世界蔓延。尽管世界大战爆发的逻辑复杂而充满争议，但需要注意的是，与区域化、安全化世界蔓延相伴随，区域性战争转化为世界性战争。现在欧洲进入成熟区域化阶段，区域主导权之争更多地体现为制度与规范的制定权之争，区域安全议题尽管依然大量涌现，但这些安全议题更多地被限制在区域制度与规范之内，或者成员预期这些安全议题会通过制度与规范加以规制或解决。

就整个区域而言，东南亚区域化已经进入成熟区域化，但东北亚依然处于不成熟区域化阶段，东亚区域化处于不成熟区域化向成熟区域化的过渡，东亚成员对区域主导权争夺的欲望与方式明显不同于欧洲，东亚成员更热切且焦虑地关注区域主导权，更纠结于权力冲突的现实主义逻辑与制度分配的自由主义逻辑，东亚将长期处于“热发展”与“冷和

---

① 目前普遍认为，较早具有区域化雏形的组织是诞生于欧洲并成立于1241年的汉萨同盟。可见，欧洲经历了漫长的不成熟区域化。

平”状态，徘徊在战争与和平的十字路口。

不成熟区域化向成熟区域化的转化也存在着一个隐忧，即不成熟区域化复制另一个成熟区域化的倾向。成熟区域化由于经验与发展水平上的惯性，会自觉、不自觉地成为不成熟区域化的“导师”与“范本”，不成熟区域化复制成熟区域化，其结果是缺乏创新；与此同时，成熟区域化的弊端还会被传递下去，其弊端与矛盾在另一个区域或更多区域累积，区域化与安全化悖论也将一直持续下去。

笔者认为，目前成熟区域化向不成熟区域化的转化导致了所谓的逆全球化。一些区域成员对通过制度配置资源逐渐失去耐心，开始向通过权力进行资源配置回归，区域资源配置的制度信条受到区域资源配置的权力信条的冲击，逆全球化形成一种思潮与现象，对区域化的发展构成前所未有的冲击。坚持本国优先、具有反自由贸易倾向、排斥移民的“特朗普现象”在世界各地出现，越来越多的国家开始以更加谨慎的态度看待区域合作议题以及安全议题。在这种背景下，成熟区域化向不成熟区域化的转化在打击成熟区域化的同时，更加重创不成熟区域化，支持区域化与反区域化的力量会折冲不断，区域议题更加复杂与尖锐，区域化与安全化悖论因而更加彰显。

三、区域化与安全化悖论之区域化意向与区域化现实

不成熟区域化与成熟区域化构成了区域化与安全化悖论的一对概念，而区域化意向与区域化现实则构成了区域化与安全化悖论的另一对概念。无论我们如何界定区域化，似乎永远存在着这样的疑惑，我们所定义的区域化，究竟是区域化意向还是区域化现实？笔者认为，在区域化过程中，存在着区域化意向。区域化意向是指，行为体（包括国家、非政府组织以及个人）对特定空间及其资源配置一体化的主观臆断，是对自己

认知的区域及区域要素进行自己认同的制度配置。对区域以及区域内要素制度配置的臆断受行为体既有认知与经历的影响，因此，行为体的既有认知与经历直接决定了区域化意向。美国学者入江昭（Akira Iriye）提出，“大家认为，欧盟成员国之间在思想上、文化上也存在着这一地区共有的内容。也有历史学家称之为‘memory（记忆）的共同体’，认为过去发生的战争及其他悲惨的事实也包括在内，欧洲人之间拥有共同的过去”，“世界其他地区如何呢？例如，在美洲大陆，存在着各国共同的认识，也就是来自欧洲的移民和土著居民一同建立起的社会文化，这一认识自很早就存在”。[①] 这些区域记忆会释放在区域化之中，构成区域化意向的一部分。

如果说区域的界定存在主观意向因素，那么，区域化定义的主观意向就更为强烈了。按照行为体自己认知的特定区域与区域要素进行自己认同的制度化配置，这便构成了区域化意向，区域化意向的核心是，“自己认知”与“自己认同”。任何行为体参与行动或集体行动，都是基于自己认知并尽量实现自己认同，这也是区域化意向成立的基本前提。

那么，什么是区域化现实呢？这是一个既容易回答又难以回答的问题。容易回答是因为从学理的角度讲，区域化现实是与区域化意向相对应的一个概念，是指按照区域的特质与要素进行符合区域客观规律的制度化配置。难以回答是因为区域化的特质与要素以及符合客观规律的制度都是通过主客观互动与主观认知后呈现出来的，我们所谓的“区域化现实”可能永远是一个无限接近区域化事实的过程。

很多国家其实一直徘徊在区域化意向与区域化现实之间，这极大地增加了区域议题以安全面目出现的概率。事实上，一个国家越是有能力表达与展现主观意志，越是有强烈的区域化意向。日本长期期盼脱亚入

---

① ［日］入江昭：《现代世界史上的日美关系》，载《中央公论》2011年10月号，http：//www.cn.japanpolicyforum.jp/archives/economy/pt20111001113234.html，2016年10月1日登录。

欧、脱欧入美，冷战后身处东亚区域的日本时而想脱离东亚区域化现实，一度谋求加入美国主导的《跨太平洋伙伴关系协议》；时而想加入并领导东亚区域化，谋求建立东亚共同体。东亚共同体评议会议长伊藤宪一对美国在东亚区域化中矛盾与摇摆的阐述，说明了日本东亚区域化意向的错位性："从经济上看，东亚经济依赖于美国市场。东亚的稳定没有美军的存在是不能考虑的。美国虽然不是东亚的一部分，因此不能成为东亚共同体的一员。但现实是，即使不是其成员，如果将美国与其他区域外国家一样对待，东亚共同体本身就不能成立。对美国如何定位是很重要的。我认为有必要探索将美国作为特别的存在，既不是'成员'也不是单纯的'区域外国家'和'伙伴'的特别的位置。"①

现存大多数的区域化计划与区域化理论均是区域化意向作用的结果，一国自己认知的区域与区域要素按照自己认同的制度进行配置时，便参与其中；否则，便质疑、徘徊甚至反对。美国也深深卷入东亚区域化之中，但它的区域化意向也是自己认知与认同的。当东亚区域化现实无法与美国的区域化意向吻合时，美国便开始重新构建区域化现实，即根据本国的地缘特点，依据传统的两洋战略打造跨大西洋与跨太平洋的区域化现实，《跨大西洋贸易与投资伙伴协议》（*Transatlantic Trade and Investment Partnership*，*TTIP*）与《跨太平洋伙伴关系协议》横空出世。事实上，几乎所有的区域化方案都是区域化意向的结果。区域化方案的反复折冲与区域矛盾似乎永无停歇，即是区域化意向与区域化现实不断重叠，又落差不断的结果。在这个过程中，区域内与跨区域矛盾并存、区域化不同步被强化等问题呈现出来。

区域化意向与区域化现实的存在，导致区域内与跨区域矛盾并存，使区域议题被视为安全议题的可能性增强。诚然，区域化也带来了区域

① ［日］西口清胜：《东亚共同体的构筑与日本的战略》，《南洋资料译丛》2006 年第 3 期，第 4 页。

间主义，但同时由于各个行为体几乎都按照自己的区域化意向来推进与构建区域化，各自区域化意向的叠加与冲突出现，区域内矛盾与跨区域矛盾并存。事实上，由于区域化意向的反复融合、分拆与折冲，各区域有自身独特矛盾的同时，还有若干叠加区域的矛盾，这导致区域化与安全化悖论有时在跨区域时表现得更加独特与鲜明。区域成员与非区域成员出于各自的利益，对区域内与跨区域议题的判断很难达成一致，这也导致区域与跨区域矛盾相互激发，区域议题更容易越过非安全的界限而被看作安全议题。在跨区域议题的解决方案排斥部分区域成员的时候，这种区域化与安全化悖论的爆发烈度就更加明显。例如，解决跨区域议题的亚太经合组织（Asia-Pacific Economic Cooperation，APEC）由于涵盖了亚太区域的所有成员，因此，尽管它的运行效率饱受争议，但它依然在发展。美国按照自己的区域化意向来处理欧洲与北美、东亚与北美的跨区域议题，抛出《跨大西洋贸易与投资伙伴协议》与《跨太平洋伙伴关系协议》，由于其区域化意向与区域化现实存在巨大断裂，排斥了一些区域主要成员，在东亚区域造成了相当程度的混乱。作为经贸机制的《跨太平洋伙伴关系协议》更是给东亚区域化带来了巨大的安全冲击，东亚的区域化与安全化悖论表现强劲。

由于存在不同的区域化意向，本已存在的区域化不同步会得以强化，区域议题在不同利益群体的视角里呈现出不同的样式，区域议题的安全化的可能性升高。客观而言，区域化存在着不同步问题。一方面，在同一区域内，不同成员的经济、贸易、交通、社会发展都存在不同步现象；另一方面，在不同区域之间，各个区域也存在着发展水平与阶段的参差不齐。这样，利益分配与收益在区域内或者区域间是不均衡的，这种区域化不同步是一种长期存在的现象。然而，由于区域化意向与区域化现实之间落差的作用，区域成员对客观存在的区域化发展不同步容易做出更加主观的判断，把彼此以及彼此区域的经贸标准、汇率变动、制度构建等认知为不公平、不必要、甚至不专业，更倾向于认为是对方而非己方消极地影响了区域化。可见，区域化不同步所造成的负面冲击因为区域化意向的存在往往被放大，区域议题很容易上升为安全议题，区域化与安全化悖论形成。

总之，区域政治研究面临着众多的区域实践挑战与既有理论碰撞，我们需要在区域实践的时代挑战与区域理论碰撞的思辨中，执着前行，以建构区域政治研究的新理论。

如何认识当前的中美关系

贾庆国*

摘　要　特朗普发起中美贸易战，旨在改变中国的发展方式，但贸易战只能通过谈判解决。中美关系短期看不乐观，长期看，两国国家利益决定必须避免对抗和冲突。

关键词　贸易战　新冷战　发展方式　南海　台湾　国家利益　对抗、冲突

最近一段，中美关系热点颇多，冲突不断，成为世界关注的焦点。目前，中美关系中的主要问题都有哪些？为什么这些问题凸显？中美关系的未来走向如何？

一、关于中美贸易战

中美贸易战已经开打，其表现是美国对中国商品加征关税，中国则进行反制。美国现在开始针对中国价值 360 亿美元出口美国的商品征收 25%的关税，中国针对美国价值 360 亿美元的商品征收关税，并且美国还要针对中国价值 140 亿美元的商品征收 25%的关税，那么中国肯定也会

---

* 贾庆国，北京大学教授，国际关系学院院长。本文是贾老师应邀于 2018 年 8 月 2 日为山东大学东北亚学院做的专题报告，根据记录整理，经本人审阅。

采取对等的举措。接着，美国又宣布要针对中国价值 2000 亿美元的商品征收 25%的关税，大家都特别关注接下来中国会怎样来应对。由于中国从美国进口的商品远低于美国对中出口的商品，因此如果中国也采取对等措施，中国手里的牌就不够了。但是，在这种情况下，特朗普还威胁说，会继续针对中国商品征收关税，这等同于对美出口的所有商品都要被征收关税。综上来看，中美间贸易不只是一个简单的贸易纠纷或是摩擦，而是已开始大打贸易之战。特朗普对中国的指责主要有以下几个方面：

第一，指责中国的贸易保护主义。他拿汽车关税举例，中国征收进口汽车 25%的关税，而美国征收的汽车关税是 2.5%，他认为这非常不公平，中国没有履行加入 WTO 之后的承诺，所以中国必须要降低关税。

第二，指责中国对知识产权保护不力。美国曾提到由于中国对知识产权保护不力，每年会对美国造成 1000 亿—2000 亿美元的损失。知识产权损失统计没有一个固定通用的准则，虽然不知道美国的数字是以何种方式计算出来的，但是很可能是夸大的。

第三，指责中国政府胁迫美国公司转移技术。具体来讲，如果美国公司要到中国投资，相关部门就会要求投资中国必须以转移技术为前提，即以市场换技术，美国政府认为这是不公平的。这也是近些年美国商会一直在抱怨的问题之一。

第四，指责中国歧视美国企业在华经营。例如，中国政府出于环保、创新等各方面原因给中国企业提供补贴，不给外国企业。对此，美方认为中国政府资助中国企业，使得外国企业经营成本上升，失去价格竞争优势，人为制造了市场上的不公平竞争。

第五，指责中国政府选择性执行反垄断，以及指责中国的政府采购也只针对中国企业，不针对包括外国在华合资企业在内的外国企业。认为中国既然已经签署了国际上关于政府采购的公约，理应对所有企业公开采购招标，这不公平。

第六，除了贸易和经济管理方面的问题，美国还指责中国直接或间接地通过网络窃取美国公司的技术和机密。2014 年，美国政府曾公开指控五名解放军军官从事该项活动，中国政府声明这些军官没参与，后来这件事情也不了了之。美国政府还认为，如果中国政府获取技术及机密，理论上是可以直接转给国有企业，且不会在中国国内造成很大问题。但是由于美国国内大都是私企，即便美国政府获得了技术及机密也不能转给企业，因为容易被美国企业以制造市场不公为由受到控告。这就演变成了中美之间的一个问题。

第七，美国政府指责中国企业通过兼并美企来获得技术，特别是涉及国防的高科技，因为这会危及美国的国家安全。最近几年，美国加强了对中国企业兼并美国企业案例的审查。有数字显示，2017 年，因美国外国投资委员会干预导致未完成的外国投资数量约为 20 起，远超历年平均不到 10 起的数量，中国企业首当其冲，尤其是在美方认为技术上敏感领域的中资投资企业，如半导体、5G 无线通信等领域，限制越来越严。同时，美国最近通过的法律都要加强外国投资委员会的权力，在很大程度上也是针对中国进行的。

那么，我们究竟应该如何看待经贸问题呢？我认为可以关注以下几个方面：

第一，中美两国相互依赖程度比较高。就贸易额而言，2017 年中美贸易高达 5836. 97 亿美元，双方贸易上有很大的利益，并且双方双向投资量也很大。2017 年中国企业在美直接投资为 290 亿美元。另外，美国购买了大量的中国股票，中国购买了大量的美国国债，还有很多中国企业也在美国上市，两国的经贸关系可以说是非常密切的。

第二，中美之间确实存在巨大的贸易差异。中国有很大的顺差，美国有相应的逆差，但是需要注意的一点是，事实上中国的顺差不是像数字表面显示的那样（数据上的顺差是 3000 多亿美元）。应该说，现在对于中国对美的贸易顺差没有一个特别规范的统计，实际上的顺差是多少很难统计。这是由于中国出口到美国的很多商品涵盖了许多从其他国家进口的专利技术、版权、零部件等，有大量商品仅仅是在中国完成组装而已，但是在中美贸易中，所有的这些一并归类到中国的顺差之内。所以中美之间实际的贸易顺差可能需要重新计算。此外，实际上中美贸易额的统计不包括服务贸易，然而美国对中国出口的服务贸易远高于中国对美国的出口，美国在这方面存在很大的顺差。同时，很多中国商品是经过香港特别行政区出口到美国的，去掉 20% 的增值税的话，中国对美国出口的顺差应该说并不算高。但是特朗普政府并不这样看待中美贸易间的差异，这是一个很大的问题。

第三，阻碍降低关税的因素很复杂，但降低关税乃大势所趋，在很大程度上也符合中国经济发展需要。例如，进口汽车征收 20% 的关税，这从经济学角度来看是说不通的。因为中国的大部分汽车公司都是合资企业，按理说，即使完全取消汽车关税，好像也不会对中国的汽车工业造成巨大的伤害，相反会增加中国汽车行业的竞争。从长远的角度来说，对中国是件好事儿。那么是谁在反对降低关税呢？其中既有中国的汽车公司，也有外国的汽车公司。外国的汽车公司在中国都有投资，因此它们与中国的汽车公司联合起来给政府施加压力，反对降低关税，最后牺牲的是中国消费者的利益。就像几年前，笔者去日本丰田汽车公司总部访问，公司负责人对笔者说，中国在 WTO 的缓冲期一结束就会大幅降低关税，对此，它们公司并不高兴，因为它们公司已经在中国，而且汽车销量很好，降低关税会对公司的销售利润产生很大影响。但是，笔者认为降低关税可能还是大势所趋。因为只有降低关税，中国的企业才能跟其他企业竞争，只有竞争才能提高自己的能力和效率，只有具备效率和能力才能不断向前发展，才有生机和活力。保护主义只能是在初期，单靠保护主义或长期靠保护主义，就会滋生“懒企业”。

第四，人民币汇率问题。早期存在人为压低人民币汇率的情况，但到特朗普上台时这种情况已经改变，对人民币汇率的干预越来越少。现在中国担心人民币汇率下滑太厉害，而不是有意识地让人民币贬值以达到增加中国对美出口的竞争力，特朗普上台前对此并不了解，所以威胁将中国认定为汇率操纵国。上台后他可能意识到这个问题，所以没有采取后续行动。不过未来特朗普会不会在这方面采取行动还有待观察。

第五，知识产权保护。中国早期发展水平落后，和其他发展水平接近的国家一样，对知识产权的保护力度确实不够。但是，随着中国经济发展水平的提高，中国已经越来越重视这个问题，并将其放置在一个更加重要的议程中。最近几年，随着中国致力于建设创新性强国，加大了对知识产权保护的力度，鼓励国内创新，但仍存在与美国期待相差甚远的问题。

第六，所谓网络窃密的问题。这个问题相对严重。从美国的角度来看，这是中国的问题，然而从中国的角度来看，这是一个世界性问题，很难溯源。中国企业受攻击的频率也很高，不见得比美国少。只不过美国企业自我保护意识得比较早，网络保护这方面做得更加规范。笔者认为，中美两国在网络窃密这方面存在共同利益。因为网络窃密不是一个好事，中国也不可能通过盗窃他国技术发展成创新型大国，中国需要做的是加强本国基础研究，鼓励创新。从双方的角度来说，中美两国需要共同来合作，在网络空间建立相应的秩序和规范，共同打击网络窃密。这才是符合两国长远利益的。

2018 年 5 月 3 日和 4 日，由美国财政部长姆努钦、商务部长罗斯、美国贸易代表莱特希泽、白宫国家经济委员会主任库德洛、贸易顾问纳瓦罗、美国驻华大使布兰斯塔德和白宫国家经济委员会幕僚艾森斯塔组成的豪华谈判代表团来北京和中国进行贸易谈判，中方是副总理刘鹤带队，双方进行了坦率且激烈的谈判。据说谈判结果比较有成效，双方达成共识，一致认为不打贸易战。但是后来中美两国还是打起了贸易战，谈判失败的一个原因是美国要价太高。美方开出的清单很长。

第一条，就是要求中国承诺和中国进口商一起促进进口，来满足中美达成的协议。也就意味着中国需要加大进口美国商品，同时还要减少对美出口。此外，2018 年 6 月 1 日开始的 12 个月以内，中国需要减少 1000 亿美元的对美贸易顺差，从 2019 年 6 月 1 日开始，中国继续在 12 个月以内减少第二个 1000 亿美元的对美贸易顺差，到 2020 年底共计减少 2000 亿美元的顺差。中国对此承诺，将努力减少中美贸易顺差，但是对中国而言这并不容易，而且完全消除中美间的贸易顺差是不现实的。因为，一方面在美国对华出口的商品中，中国想购买的高科技等不在其列，剩余的商品由于其价格高质量一般，中国进口的意愿也不强烈。另一方面是中国对美出口商品中，很多是中国从其他国家进口的，据说 60%的商品是合资企业生产的。中国若大幅减少对美出口，可能也会引起其他国家的连锁反应，例如生产零部件的周边国家，以及向中国出口技术和专利的美国公司等。因此贸易差异这个问题单靠中国促进进口来解决是不公平的。

第二条，是要求中国立即停止对中国制造 2025 扭曲市场的补贴和其他形式的政府支持，因为这样可能会造成这些行业产能过剩。《中国制造 2025》是一个中国发展高新技术产业的规划。美国人最近这些年对《中国制造 2025》非常关注，担心中国通过政府大量的补贴发展高新产业，冲击他们现在的技术优势。

第三条，是要求中国消除有关技术转让的特定政策和做法。也就是前面提到的美国公司转移技术以换取在中国投资的机会。另外还有网络攻击及泄密问题，美方提出了很多要求，中国政府难以满足。

美国政府开出的清单不乏严苛且不合理的内容，无论是增加进口减少出口，还是改变中国的发展方式，中国政府都很难满足。我们认为，这些年中国的发展方式还是比较成功的，如果听美国的话去改变政府干预市场的发展方式，不仅短时间内做不到，而且还涉及主权问题。

当然，中美之间还是存在谈判的余地。例如，一定幅度地增加从美进口是可以的。前段时间的中美谈判中，中国承诺增加进口美国天然气。虽然价格略贵，但是有助于中国的战略安全。具体来说，就是保持天然气进口渠道的分散性有利于中国能源战略安全。另外，增加从美国进口牛肉等农产品也不是一件坏事。生产牛肉耗粮食耗水，而中国又恰好是一个水资源缺乏的国家。

对于美国要求减少对美出口，这点操作起来难度就要大一点，会影响到我们国内产业发展。实际上，目前国内已形成制造业产业链，若是大幅度减少对美国出口，就会影响到中国作为一个制造业大国的未来发展走向。但是，我们可以适度将部分出口转移到其他的国家，以此实现减少对美出口。美国一直以来要求中国搞市场经济，但是其上述两种要求都是政府干预市场的体现，美国国内很多经济学家也觉得特朗普这么做太过分了。

对于美国要求中国降低关税，笔者认为中国在这方面是可以做的。当然，我们要认真研究对于特定行业或特定企业的保护，如果从国家角度来看不是特别需要保护的企业，可以适当降低关税。这样有利于中国企业进入全球的竞争中，使其努力保持自己的竞争力和活力。对于负面清单改革，中美之间也可以进行谈判。目前，中国在上海自贸区已经开始施行负面清单这种政府管理市场的方式。什么是负面清单？负面清单就是说政府列出一个清单，单子上列出的条目都是不能做的，除去单子上的条目其他的都可以做。这种管理方式与过去不同，过去是政府告诉企业哪些事情可以做，清单上未列入的条目一律不可以做，更甚的是不告诉企业哪些不可以做，而是政府随时过来告诉企业正在做的事情不被允许。在这三种管理方式中，负面清单可以说是最优的，即法不禁止皆可为。

从中美双方的利益角度出发，尽管贸易战已开打，但是最终还是需要相互退让，找出折中的方案来解决问题。因为双方在贸易中存在巨大的利益，二者谁都离不开谁，且都不能通过大打贸易战来获得好处，结果只会两败俱伤。但现在有一个问题就是，特朗普开打贸易战恰逢美国经济恢复的上升周期，美国经济并未受到贸易战的消极影响，反而保持了快速增长，2018 年第二季度，美国经济年化增长率达到 4.1%。因为美国经济规模很大，所以，这个增率可以说非常快。同时，不同于中国股市的屡创新低，美国股市连创新高，与中国股市走了一个截然相反的道路。类似的经济现象可能会鼓舞特朗普继续大打贸易战。最近出台的针对中国 2000 亿美元商品征收 20%的关税的政策可能就是在这样一个背景下提出来的。

二、关于其他热点问题

目前，中美两国关系不断恶化，大家关心“中美会不会走向冷战”。其实，如果现在的态势不能得到遏制，中美是有可能走向冷战的。我想可能有三个方面的指标来判断冷战。首先是意识形态的竞争。正如美苏冷战的时候，苏联提出了一套意识形态，美国提出了一套意识形态，互相竞争。然后是军事对抗，双方完全针对对方进行战略操作，具体包括发展军备以及在全球经营伙伴关系、联盟关系。最后是经济上相互独立。如果不对现阶段的中美贸易战加以控制，双方的经贸关系会越来越少，两国经济会越发独立，就会回到冷战状态。其实现在意识形态上似乎正在逐渐形成这样一个状态。美国国防部的文件已经把中国列为战略竞争对手。虽然美国官员现在称战略竞争对手并不等于敌人，但是持续下去就会变为敌人，再加上经济相互独立，那就构成了冷战状态。冷战是大家都不愿意看到的。

（一）南海问题是当前备受关注的一个热点

南海争议由来已久，1947年国民政府内政部方域司在其编绘出版的《南海诸岛位置图》中，以未定国界线标绘了一条由十一段断续线组成的线，1953年考虑到和越南的友好关系，中国在正式出版地图上去掉了北部湾的两段线，剩下九段断续线，此后简称九段线。新中国成立后，新中国政府就认为十一段线或九段线以内的岛礁以及相关的权益都是中国的。此后，越南、菲律宾、马来西亚、文莱、印度尼西亚都对九段线以内的岛礁或海洋权益展开诉求，争议由此开始。此前围绕南海也爆发过战争，如1974年中国与南越围绕西沙的海战，1988年中越又在南海有一个短暂的海战，战争最终结果是中国取得西沙群岛控制权，但是由于中国距离南沙群岛遥远，实力弱，装备条件差，中国南沙群岛大部分岛礁被越南、菲律宾等国占领。尽管当时对于南海有争议，但是邓小平出于中国改革开放的发展大局，提出主权属我、搁置争议、共同开发的原则。正是在这样一个原则的指导下，南海平静了若干年，中国则利用和平的环境集中精力对国内进行改革和发展。

2010年4月23日，美国《纽约时报》关于中国官员将南海称为中国核心利益的报道引发国际关注。核心利益意味着什么？核心利益就是不惜牺牲一切来捍卫的利益。过去中国政府官员谈核心利益时主要谈台湾和西藏。那么现在又加上南海。南海有300多万平方公里，大部分是公海，各国商船活动非常频繁，所以这个报道引起很大的关注。

南海问题非常复杂。目前，除美国之外，英国、澳大利亚、日本等国也要派军舰到南海开展自由巡航。南海问题对中美关系而言是一个非常大的冲击，双方争议的焦点有以下四点。

第一，南海是否为中国的核心利益。对此，我们官方的立场没有变，即九段线内所有的岛礁及其相关权益属于中国，如果是岛则有 12 海里的领海和 200 海里的专属经济区。美国政府对南海岛屿的归属不持立场，但坚持和平解决争端。此外，美国媒体指出中国高官说南海是中国的核心利益，但中国官方一直没有证实这个说法。

第二，争议的焦点是对公海航行自由的解释。也就是说公海航行自由到底包不包括专属经济区在内，特别是靠近一个国家海岸领海之外的公海内，军用和情报部门飞机和舰只的活动。美国认为包括，中国认为不包括。所以，中美双方谈判过程中，中国表示坚决反对美国对华进行的抵近侦查，而美国则表示它有权这样做，而且侦查并不是针对中国，而是针对全世界的。

第三，中美在南海争议的焦点是岛礁建设构不构成岛礁性质的变化。美国人认为不构成，中国虽对此没有明确说明，但行动上似乎倾向于构成岛礁性质的变化，比如反对美国在岛礁附近巡航等。

总之，两国在南海的问题被美方过度放大，一部分美国人甚至说这是中国搞扩张主义的前奏。笔者曾在不同场合跟美国人沟通，说他们对这个问题理解得不对，中国没有进行领土扩张。事实上，从新中国成立以来，中国一直都在谋求与周边国家通过谈判固化自己的边界，在谈判过程中甚至还做了不少让步。这些年，中国在南海问题上的诉求没有发生大的变化。是，我们维权的力度加强了，但是我们对领土的要求并没有增加。

（二）台湾问题热度升高

台湾问题在中国涉及主权和民族感情，在美国涉及其信誉和美国价值的认同问题。有一次，笔者与一个美国外交官聊天，说台湾问题对我们很重要，希望美国不要挑战中国的底线。他对我说，台湾问题对美国也很重要，因为美国承诺协助台湾防卫，如果美国做不到，就会失信于盟友。而且美台之间还存在一个价值观认同的问题。

新中国成立后，中美两国之间迟迟不能建交，主要就是因为台湾问题，两国之间相互隔绝的敌视状态一直持续了约二十年，直到 20 世纪 70 年代初才缓解，而且是两国都担心苏联威胁才改善了关系。美国出于战略以及与苏联对抗的考虑，在台湾问题上做了让步，同意撤军、废约和“断交”，从而使中美两国有可能建交。此后，两国在台湾问题上又出现两次大的较量：20 世纪 80 年代初美国对台军售和 1995 年李登辉访美。中美关系两次走到破裂的边缘。最后经过多方努力，才避免关系的破裂。

最近一个时期，美国在台湾问题上动作频繁，不断挑战中国的底线。先是特朗普就任前接蔡英文的电话，表示美国一中政策不是白给的。美国的一中政策和我们的一中原则不同，美国的一中政策指美国承认世界上只有一个中国，台湾和大陆都认同只有一个中国；而我们的一中原则是世界上只有一个中国，大陆和台湾同属这样一个中国，中华人民共和国政府是代表这个中国的唯一合法政府。

此外，2017 年 12 月 12 日，特朗普在白宫签署《2018 财政年度国防授权法案》（NDAA），允许美国军舰造访台湾地区，紧接着是 2018 年 3 月特朗普签署所谓《台湾旅行法》，允许美国和台湾地区官员互访，这一系列挑衅行为引起世人的关注和担心。如果说中美在贸易问题上还有回旋余地的话，在台湾问题上中国是不可能让步的，对于中国人来讲，台湾问题是国家主权问题和核心利益。

（三）发展方式之争凸显

近一段时期内，美国对中国政府发布的《中国制造 2025》发展规划高度关注，指责中国政府补贴中国企业，扭曲市场竞争。中国政府规划经济发展，重点支持某些行业发展本来不是什么新鲜事，现在为什么成为美国关注的焦点呢？

笔者认为这要从中美不同的发展方式谈起，中国的发展方式是政府主导的，美国的发展方式是市场主导的，这是两个非常不同的发展方式。过去美国对中国的发展方式不是特别关心，因为一方面，从经济学理论角度讲，政府主导的发展方式效率低，政府干预越多市场越低效；另一方面是中国经济原来比较落后，规模小且竞争力弱，对美国经济不构成任何威胁。现在美国之所以关注中国的发展方式，主要是因为过去几十年，中国经济持续高速发展，这使得美国人开始怀疑过去的做法（即政府主导的经济发展方式效率低）了。此外，经过多年经济发展，中国经济规模已经很大，且具有一定竞争力，开始对美国经济构成一定程度的挑战。在这样的背景下，美国国内相当一部分人现在主张美国跟中国在经济上脱钩，因为它们觉得当这两种经济发展方式共存的时候，对美国不利。

（四）所谓“锐实力”（Sharp Power）之争

2017 年 12 月 5 日美国国家民主基金会发布的一份报告中首次使用“锐实力”一词，该报告的题目为《锐实力：威权影响力日增》（*Sharp Power: Rising Authoritarian Influence*），把中国和俄罗斯列为主要的威权国家，详述中俄两国如何利用其“锐实力”，把政治操控力量渗透在拉丁美洲的一些社会经济实力较弱的民主社会。2017 年 12 月 16 日，英国《经济学人》杂志将“锐实力”一词置于封面。

（五）跨越“修昔底德陷阱”的问题

什么是修昔底德陷阱呢？古希腊历史学家修昔底德的《伯罗奔尼撒战争史》，研究雅典和斯巴达两个城市国家之间的战争，提出战争的起因是“雅典势力的日益增长由此引起斯巴达人的恐惧”。研究国际关系的现实主义学派认为，这个解释不仅适合解释雅典和斯巴达之间的战争，也适用于解释其他崛起国家和守成国家之间冲突和战争。2001 年，进攻型现实主义者美国芝加哥大学教授米尔斯海默在《大国政治的悲剧》提出，中美冲突不可避免。

笔者认为中美冲突的可能性不大。一是核武器的出现使核武器国家之间的战争失去了意义。二是全球化的深化使得国家不必像过去那般通过战争的方式扩张，而是可以利用全球化带来的各种各样的便利机遇发展经济。例如战后的日本和德国，两国在相当长的一段时间内都没有强大的军队，主要是通过经贸发展自己。三是二战结束以来，反战势力一直很强大。

三、对中美关系的反思与展望

现在中美关系恶化已经成为一个现实，为什么出现这样一个情况呢?笔者认为大体有以下三个方面的原因。

第一，单极世界与中国的崛起。单极世界就是世界上只有一个强国，它的实力远远超过其他的大国。两极世界就是世界上有两个大国，它们的实力远远超过其他的大国。多极世界就是世界上有三个或三个以上的国家，它们的实力远远超过其他的大国。在此，这个“极”非常重要。对于崛起的大国而言，单极世界是最不利的。这是因为在两极或多极世界中，“极”国家最关心的是其他的“极”国家，所以崛起国家有很大的生长空间。但是单极世界不一样，单极世界中“极”国家不需要考虑没其他的“极”国家，所以，它很早就会把目光锁定到崛起国家身上。正因为如此，美国早在 20 世纪 90 年代的时候就认为中国可能对其构成潜在经济上的威胁了。

第二，美国国内对华政策问题上主要势力都主张对华强硬。这是一个很大的变化，不同于以往美国国内总是存在接触派和遏制派的观点对立。此前，接触派占主流，像奥巴马就是典型的接触派的领导人，主张和中国合作。然而现在遏制派占上风，认为中国是一个所谓扩张主义或修正主义国家，中国是美国的战略竞争对手，并且主张美国有必要加强和包括台湾在内的盟友的合作，通过加强与台湾的关系来遏制中国。为什么美国的接触派改变了他们的对华态度呢？因为过去，他们认为随着中国经济的发展，中国会成为与美国类似的国家，然而近些年中国在各方面的发展都越来越远离他们的期待。于是，美国接触派也不再坚持接触政策，而是在一定程度上采取压制和遏制的态度。

第三，特朗普的贸易观和美国的吃亏论。特朗普本人所持有的贸易观是一种过时的 19 世纪的贸易观。在特朗普看来，中国出口的商品必然都是中国制造的，美国出口到其他国家的商品必然也全都是美国制造的。但现在是 21 世纪了，现在中国向美国出口的商品服务中包含了很多从其他国家进口的技术和零部件，甚至包括美国生产的商品和服务。但特朗普仍坚持自己的观点。另外，特朗普还坚持“美国吃亏论”，即由于所谓关税不对等、知识产权保护不力等，使美国在与包括中国在内的全世界的贸易中吃亏了。

展望中美关系未来的发展，短期内不容乐观。在单极世界的大环境下，美国对崛起中中国的关注将有增无减。美国国内主要势力对华态度上，遏制派主张对抗的态度短期内不会改变，接触派失去原有信念放弃接触中国，商界推动两国关系的意愿也不强。与此同时，特朗普不会轻易改变自己的贸易观和充满不确定性的行为方式。这些都会使两国关系进一步恶化。从长远的角度来看，中美两国关系很可能还会继续在有限的冲突和有限的合作之间波动，两国的国家利益决定了两国必须避免对抗和冲突；而两国在意识形态偏好、政治制度安排、经济发展方式等方面的差异又将继续阻碍两国进行深度合作。出于国家利益的需要，笔者认为两国都需要努力扩大合作来管控冲突。中美关系未来发展的下限就是避免冲突，上限就是进行合作。

韩国文化软实力外交实践的基本经验及启示

麻陆东*

摘　要　韩国文化软实力外交的成功实践是20世纪末21世纪初，国际舞台上的一个引人注目的事件，不仅极大改善了韩国传统形象，而且将文化产业打造成为韩国国民经济支柱产业之一，成为带动韩国经济发展的新增长点。韩国政府通过政策、法律、资金等多种手段积极培育与引领文化产业发展与传播。作为正在谋划与积极推进文化产业发展的文化资源大国，汲取韩国文化软实力塑造的成功经验对中国具有十分重要的现实意义。

关键词　韩国　文化软实力外交　经验　启示

顾名思义，“文化软实力外交”即是国家行为体利用本国文化资源针对特定对象开展的文化产品输出以提升国家形象与国际影响力的一种外交活动。毫无疑问，文化软实力外交与其他外交形式一样，都是以维护国家利益、实现国家对外战略目标为根本出发点。根据这一概念界定，政府是文化软实力外交实践的主导者与推手，文化资源是文化软实力外交实践的抓手，而和平的、非武力的文化产品输出则是文化软实力外交

* 麻陆东，商丘师范学院法学院副教授，山东大学亚太研究所兼职研究员。

的基本形式。美国学者约瑟夫·奈在1990年出版的《注定领导世界：美国权力性质的变迁》一书及同年在《外交政策》杂志上发表的题为《软实力》一文中明确将文化（在能对他国产生吸引力的地方起作用）界定为软实力三大来源之一。他认为国际政治的权力结构和权力性质正在发生变化，权力的扩散、制衡和相互依赖成为国际政治权力的新趋势，而且权力的来源不再单纯地是军事和经济实力。而“同化实力（软实力）是一个国家造就一种情势、使其他国家仿效该国倾向并界定其利益的能力；这一实力往往来自文化和意识形态吸引力、国际机制的规则和制度等资源”①。以文化资源输出为基本形式的文化软实力外交成为国家间互相角逐新舞台。进入新千年后的韩国历届政府都非常重视文化软实力外交，通过打造具有韩国民族特色的韩国文化资源，凭借多样化文化产品输出渠道，在全球尤其是东亚范围刮起了一股强劲的“韩流”，不仅极大地提升了韩国文化软实力，而且成为韩国国民经济的新增长点。

一、韩国文化软实力外交实践及基本经验

韩国文化软实力外交的成功实践是20世纪末21世纪初国际舞台上的一个引人注目的事件。韩国政府通过政策、法律、资金等多种手段积极培育与引领文化产业发展与传播。在韩国政府的积极推动下，韩国各界在文化资源的挖掘与文化产品的设计包装上煞费苦心，不仅充分彰显韩国文化特色，而且与国际时尚潮流相契合，使一些传统文化资源焕发出新的生命活力。在文化产品输出渠道的选择上能够结合文化资源与传播对象的差异而灵活选择，确保了文化软实力外交实践的顺利推进。韩国文化软实力外交的成功实践也给中国带来诸多启示，作为正在谋划与

---

① Joseph S. Nye, Jr., “*Soft Power*,” *Foreign policy*, Issue 80, Fall 1990, p. 167.

积极推进文化产业发展的文化资源大国，汲取韩国文化软实力外交实践的成功经验对中国具有一定的现实意义。通过对韩国文化软实力外交实践的深入系统探究，笔者将韩国文化软实力外交实践的基本经验概括为五个方面。

（一）作为文化软实力外交抓手的文化产业发展战略的精准定位

作为 20 世纪 60 年代以后经济成长的亚洲四小龙之一，韩国与新加坡、中国香港、中国台湾等一直被视为亚洲经济发展的奇迹，成为亚洲经济增长的重要引擎。然而，由于受到 1997 爆发的亚洲金融危机的影响，韩国经济出现严重衰退。根据统计，1998 年韩国的经济增长为负 5.8%，是自 20 世纪 70 年代以来的最低点。韩国人均国内生产总值（GDP）也锐减为 6200—6400 美元，较 1997 年下降了 34.8%。韩国金融市场是这场危机的重灾区，韩国的股票市场也暴跌了 70%，韩国 33 家大型银行当中，破产了 15 家，占到 45%。亚洲金融危机的爆发使韩国制造业产品出口遭遇重创，大量产业工人失业，政府面临严峻执政考验。① 在这种背景下，调整产业结构，恢复金融秩序，创造就业机会成为当时韩国政府亟待解决的问题。

1998 年就任韩国总统的金大中临危受命，带领韩国走出金融危机成为新政府的首要任务。金大中政府为此做了大量工作，诸如金融机构改革，传统制造业升级换代等，而促使金大中政府将目光转向文化产业则是受到韩国“献金运动”的启发。② 金融危及爆发后，韩国国民自发掀起了“献金运动”，纷纷将私人珍藏的金银首饰等捐献给国家，以共度时艰。金大中政府深刻感受到“献金运动”背后的韩国传统价值与文化彰

① ［美］弗雷德里克·米什金：《下一轮伟大的全球化：金融体系与落后国家的发展》（姜世明译），北京：中信出版社 2007 年版，第 92—97 页。

② 韩英、付晓青：《文化产业概论》，福州：福建人民出版社 2012 年版，第 42 页。

显出来的时代力量。这也是促使金大中政府提出“文化立国”战略，确定将低消耗、无污染、立足于创新创意的文化产业作为韩国21世纪国家经济发展的重点产业以振兴韩国文化的诱因。此后历届政府不仅沿袭了金大中政府的“文化立国”战略，而且在范围上不断拓宽，程度上也不断深化。诸如卢武铉政府在“文化立国”战略基础上提出“文化强国”整体战略。李明博政府则明确将“繁荣文化与发展科技”列为五大国政方向之一，努力致力于提升国家品牌形象等“软实力”建设，在世界范围内改善和提升韩国的国家品牌形象。[①] 2013年朴槿惠当政伊始提出“创造经济”的增长思路，继续在全球范围推进“韩流”文化传播是其两项内容之一。朴槿惠的文化资源包括广播、游戏、动漫、卡通人物、网络、影视、歌曲唱片等，积极打造韩国经济新的增长点。[②] 文在寅政府延续了前几届政府的文化立国战略，在2017年访华之际，还特邀诸多文化与娱乐界名人同往，试图以此促成中韩文化交流再次启动。

韩国文化产业发展与文化产品输出的实践证明，韩国的文化产业发展战略决策定位准确。近二十年来，基于韩国文化产品输出而造成的“韩流”已经成为当今时代跨国文化交流的重要事现象，以韩国影视作品等为代表的一系列文化产品风靡亚洲，韩国在国际社会的影响力也与日俱增。英国著名杂志“Monocle”自2010年起每年公布“软实力”排行榜，韩国在软实力排行榜中实现三连升，2010、2011、2012三个年度的排名中，分别居于第19、第14、第11，充分展现出韩国国际影响力的节节攀升。[③] “韩流”在亚洲乃至全球继续高歌猛进，充分展现出韩国文化在全球范围的扩张力。韩国在输出文化产品赚取大量外汇的同时，也将

---

① 张焱：《韩国文化产业概念界定及历史渊源》，《今传媒》2013年第1期，第69页。

② 《举国造“韩流”启示振兴文化产业之道》，新华网，http://news.xinhuanet.com/mrdx/2015-04/24/c_134179448.htm。

③ 詹小洪：《从各种排行榜看韩国国际地位》，引自金明善：《经济学家茶座》，济南：山东人民出版社2014年版，第166页。

活力韩国、文化韩国、勤勉、诚实、具有成熟市民意识、团结的国民形象等远播海外，有力地拉抬了韩国国家美誉度及由此而形成的文化软实力。

（二）作为文化软实力外交实践主体的倾心投入与积极推进

20 世纪 90 年代末以来，韩国政府高度重视文化产业发展，将具有国家、民族与地域特色的文化资源视为韩国国家软实力的体现和韩国国家形象名片，同时也将其视为推动韩国经济增长，摆脱金融危机困扰的一剂药方。因此，韩国政府以扩大韩国文化资源的广泛影响力与吸引力、塑造韩国国家新形象为导向，在机构设置、制度与法律建设、制定财政与金融政策、人才培养等各个方面积极推动文化产业发展战略实践。在韩国政府主导与积极推动下，韩国民间组织、社会团体、企业以及个人等也积极加入这一进程，成为韩国文化产业发展与文化产品输出的重要参与者与实施者。无论是政府还是民间组织、社会团体和企业，最终参与到国际互动层面的都是具体的个人，既有社会精英，也包括参与到国家间交流的广大公众。无论韩国社会精英还是普通民众，都是韩国国家和民族形象塑造的主体，是韩国国家和民族形象的一个缩影。韩国所有文化产业与文化输出政策的制定、相关文化企业的积极参与、传播媒体信息的发布等都离不开韩国民众的支持。当然，韩国文化产业繁荣与文化产品的成功对外输出在提升韩国文化软实力的同时，也带来了充足的就业机会，提高了民众的生活水平，极大增强了民族自豪感和文化自信，也激发了民众参与文化软实力外交实践的意愿与热情。

（三）深入挖掘与精心打造文化软实力外交实践载体

与世界许多国家相比，韩国并非一个文化资源大国，加之近代以来朝鲜半岛战火不断，导致很多历史文化遗迹被破坏，因此，韩国可供挖掘的文化资源显得捉襟见肘。但这并没有阻碍韩国人开发文化资源与发展文化产业的热情。自1998年韩国“文化立国”战略实施以来，韩国在挖掘本国文化资源方面可谓不遗余力，从衣食住用行到教育、科技、信仰与制度，几乎涉及了所有与广义文化相关的领域，只要能凝练出特色产品的文化资源，就被韩国人拿来大做文章，这种执着程度到了近乎不可思议的地步。正是在韩国人这种强烈的文化资源保护与开发意识的推动下，韩国大量的文化资源被挖掘出来。

从韩国文化产业发展的历程来看，韩国对文化资源的挖掘与文化产品的开发同步推进。

首先，韩国积极凝练有差别的民族特色文化资源。韩国与中国同属儒家文化圈，在很多非物质文化遗产方面存在诸多相似之处。因此，韩国在打造文化资源的过程中，深入分析与把握文化资源对象的特点，聚焦与凝练韩国民族特色的符号或象征，并将其放大为可以明显与其他民族区分开来的特殊标志。韩国人借此建立独立的文化圈，有意识地消除来自中国文化传统的固有标志，以增强本国文化的主体性。例如韩国精心运作与申请的世界文化遗产“端午祭”，尽管其庆祝方式还是节日意义上都与中国不同，但在庆祝日期上，却又惊人的一致。

其次，韩国在文化产品的打造上注重与时俱进。韩国在文化产品的打造过程中，充分考虑时代特点，将文化资源以符合时代特点的形式包装与设计出来，或者将其与引领时代潮流的影视作品、网络游戏以及科技产品等结合起来，进而将大量文化资源植入其中，潜移默化中实现了对外文化资源的传播。以韩剧《大长今》为例，唯美的画面，精致的美食，华丽的服饰，优雅的言谈举止，气势恢宏的传统建筑等，都给观众留下了深刻的印象，引发世界各地尤其是亚洲观众的追捧，韩剧《大长今》对宣扬韩国传统文化、传统美德、传统饮食、服装、价值观等起到了非常重要的作用。

再次，韩国非常注重对文化产品的创意设计。在韩国文化产业发展过程中，韩国政府对文化创意的鼓励与引导至关重要。韩国政府为了引导与鼓励文化创意产业，2014 年年初，韩国专门设立了“创意韩国实验室”，并将其打造为复合型创意创作中心，对文化创意产业给予大力支持。这一“创意韩国实验室”打破常规，以文化产品业余创作人员为服务对象，激发创作者潜力，实现创意共享与共创之目的。这一实验室的最终目的在于提供在创意创作中可以灵活运用的原始素材，鼓励文化创意资源的流通交易，进行创意人才的多样化交流，培养创作力量。同时，通过“创意融合”，推进“创意发电站”建设，扶植现有公私合营的社会间接资本与设施的孵化培养，使处于创业准备阶段或创业初期的文化企业能够在创业和经营方面取得成功。与此同时，韩国为了将高附加值文化创意产业培养成“创造经济”的核心动力，围绕想象力的提升和创意性的培养，加大了对中小文创企业和小规模从业者的投融资支持。通过扩大母基金、刺激投资以改善融资制度，同时开发和普及文创产业价值评价模式，使文创产业发展能够得到准确公正的评价和迅速便利的融资。另外，他们还通过设立文创产业互助组织，扩大对小规模文化创意企业的资金支持力度，以构建文化融合和创造的空间，来实现由“创意”到“创业”的过渡。同时，选定游戏、音乐、动漫、角色、电影和音乐剧五大文创产业类型进行集中培育，与“韩流”相互作用，在全世界传播，具备了较高的全球竞争力。①

最后，韩国在文化产品打造过程中充分考量消费者需求。俗话说，顾客是上帝。韩国在文化产品打造上，将服务于消费者作为产品开发的前提，根据消费者的需求调整生产结构，增加文化产品科技附加值等，以满足消费者不断增长的物质与文化生活需求。例如，韩国影视制作企

① 张乃禹：《韩国“创造经济”：以文化创意为内驱力》，《中国社会科学报》2015 年第 695 期。

业会根据中国等一些亚洲国家观众的需求，创造符合观众期待的影视作品；韩国一些游戏企业则会根据欧美市场的需求开发游戏作品；韩国的服装企业会根据“韩流”风向调整服饰设计以迎合消费者需求，等等。

由此可见，韩国不仅在文化资源的挖掘上不遗余力，而且在文化产品的打造上也精心为之。韩国各界的积极参与使得大量的韩国特色的文化符号与文化产品被开发出来，并通过多样化的渠道广泛输出到海外市场，向外部世界传递了一个文化韩国形象。

（四）灵活选择与合理使用文化软实力外交实践渠道

韩国深知文化软实力外交渠道选择的重要性。实践证明，如果不能选择适当的渠道，即使具备尽职尽责的文化软实力外交实践主体，以及丰富多彩的文化资源，都无法有效地达之于目标受众。为了提升文化软实力外交效果，韩国精心谋划与选择文化软实力外交渠道，确保渠道的选择与文化软实力外交实践主体身份相匹配、与文化产品相匹配、与目标受众相匹配。

首先，韩国在渠道的选择上确保与文化软实力外交实践主体身份相匹配。实践证明，文化软实力外交实践主体身份的差异会直接影响到实践效果，如果是纯粹官方身份，往往会造成“刚性”与“脸谱化”的刻板印象，会被想当然地认为仅仅是一种对外宣传与意识形态输出，容易引发受众的排斥心理。但如果换作政府退居幕后的民间身份，则会呈现出更多亲和特点，更容易被受众接纳，从而达到春风化雨、润物无声的宣传效果。因此，韩国政府积极鼓励与支持民间力量介入文化产品输出过程，逐步拓宽民间力量的涉足领域，很好地提升了文化产品输出效果。

其次，韩国在渠道的选择上确保与文化产品相匹配。这实际上体现的是文化产品与文化软实力外交媒介的统一。因此，基于文化产品的差异，必然要求在媒介的选择上与其相对应，这样方能达到最佳的输出效果。例如，为了输出韩国的历史遗迹或人文景观，就需要通过让海外受众亲身体验与感受，而旅游是最佳的文化软实力外交渠道。为了输出韩国饮食文化、服饰文化、礼仪文化等，既可以通过旅游渠道，也可以通过影视作品、文化展演活动等。从过去韩国文化软实力外交的实践来看，韩国在媒介的选择上既体现出灵活性，又有着一定的连续性与稳定性，达到了文化产品输出的预期目标。

最后，韩国在渠道的选择上确保与目标受众的特点相匹配。韩国在选择渠道时，充分结合目标受众特点。例如，韩国根据不同区域与不同目标人群的差异，有针对性地选择文化产品输出渠道。诸如将影视作品列为对亚洲国家文化资源输出的主渠道，将游戏作品列为对欧美国家文化资源输出的主渠道，将国际教育交流列为对学术界与青年精英等人群文化输出的主渠道。实践证明，韩国在传播渠道的选择和运用上很好地迎合目标受众需求，达到预期效果。

（五）差异化的文化软实力外交实践目标群体策略

韩国文化产品输出的一个重要特色是其目标受众的选择与定位，韩国根据文化内容产品的特点及目标国，诸如日本、美国与法国等，采取差异化的战略，以有助于“韩流”在提升韩国国家形象中发挥最大的效用。[①] 众所周知，传统外交是基于政府与政府间的对话与交流。但这种以普通民众为对象的文化软实力外交作用不可小觑，这对改善与提升韩国国家形象，提升韩国国家文化软实力具有十分重要的作用。韩国正是通过对输出受众的准确定位与把握，通过多样化的输出渠道，将韩国丰富多彩的文化产品传播出去，让更多国家的民众了解韩国，塑造了韩国良好的国际形象。

---

① 문효진, 박성현: 한류 인기 요인과 호감도 및 국가이미지와의 관계 연구-일본, 미국, 프랑스를 중심으로, 한국 PR 학회（구한국홍보학회），〈홍보학 연구〉16 권 4 호（2012），第 246—279 页。

具体而言，首先，韩国政府及相关文化机构会根据世界不同区域的特点选择适当的传播者、传播内容与传播渠道，以增强传播效果。具体根据“韩流”传播受众所在的国家自身文化特点，对韩国文化商品进行本土化的改造，可以避免遭到销售目标国的反弹，同时也可以满足不同区域的受众的需求。① 众所周知，不同区域的民众基于其历史、地理、宗教等多种因素，会存在其独特的价值判断、审美需要与欣赏情趣。一种外来文化的特质，能否配合接收者文化中的基本概念尤其重要。这里面体现出来的就是文化传播中的选择性特征，一种来自其他社会的文化特质是否与自己原有的文化相协调，如果能够相协调就会被受众接受，如果无法实现不协调就难以被受众接受。韩国在其文化产品输入某一特定区域之前，预先考察与调研了特定区域民众的宗教信仰、价值观念、消费心理、消费习惯等方面的基本情况与特定区域民众的需求倾向。进而在其受众选择、文化产品包装与设计、输出渠道的打造等方面采取针对性的方案，从而顺利推进与实现输出效果的最佳化。

其次，韩国针对海外不同目标人群设计差异化的传播策略，尤其是韩国重点经营的韩国文化产品粉丝群体，根据不同目标群体需求的差异而开发适销对路的产品。韩国政府通过驻外领事馆的大力协助，在文化产品输出重要目标国家的大城市设立驻外文化院、文化研究机构。除了政府官方协调驻外机构外，很多韩国大型跨国文化企业也通过在驻在国设立办事处以及企业网络等多种手段，通过广泛与深入的调研，充分关照传播受众的消费习惯和特点，开发适销对路的文化产品，很好地满足了目标人群的差异化需求，不仅为韩国赢得了丰厚的经济收益，又在潜移默化中提升了韩国文化软实力。

---

① 백종훈：홉스테드 이론을 활용한 한류 수용국 문화 특성 분석—필리핀 사례를중심으로，글로벌융합대학원，〈한류비즈니스연구〉2 권 1 호（2014），第 85—108 页。

二、韩国文化软实力外交实践对中国的启示

中国作为一个传统文化大国，拥有极为丰富的文化资源，但在国际社会中所彰显的文化软实力却不尽人意，这与文化资源大国形象严重不符。而韩国从 1998 年政府提出“文化立国”战略至今不到二十年的时间里，竟然从一个名不见经传的文化小国、弱国一跃成为世界文化大国、强国。韩国文化软实力外交的成功实践绝非偶然事件，其中既有韩国政府顶层战略设计与积极推动，也有民间组织及韩国民众的积极付出。尽管在这一过程中也有诸多干扰因素的存在，韩国文化软实力外交实践仍然获得了巨大的成功，其中的经验与教训对于正在致力于打造国家文化软实力的中国而言具有重要启示。

（一）推进文化软实力外交抓手的文化产业发展的机制化建设

近些年来，中国政府对文化产业发展也非常重视。2009 年，中国政府出台了首部文化产业专项规划即《文化产业振兴规划》，正式将文化产业上升为国家的战略性产业。各地方政府也纷纷加大文化产业投入，着力培育新的经济增长点，促进产业结构调整。一系列的文化政策被大量制定出来，诸如文化艺术政策、文化经济政策、文化遗产政策，等等。文化产业发展政策的“量”的积累得到一定程度的保证，但文化产业发展政策的“质”还存在诸多问题。首先，中国的相关文化产业政策实施细则可操作性不强。一些文化政策在制定之后，往往缺乏后续的跟踪与评估，结果往往流于形式或缺乏持续的推进机制。其次，中国在保障文化产业健康发展方面的法律法规不够完善。以文化创意为例，作为文化产业的动力源泉，至今仍有相当一部分创意未能纳入我国知识产权法律体系，致使大量创意游离于法律保护之外。比如影视节目策划、广告创

意、舞蹈方案设计、小说剧本等故事情节的构思、魔术创意、网络游戏玩法等，这些创意对于经营者来说往往是真正的价值所在，是核心财产。尽管目前创意在交易中受合同法的保护，但这种保护方式存在严重的缺陷，即无法约束合同以外的侵权行为。再次，中国缺乏文化产业人才培养的机制化安排。尽管文化产业人才的培养已受到政府重视，并已有了不同层次的实践，但由于文化产业的特殊性，目前我国文化产业人才培养方面还存在复合型管理人才少，新兴行业专业人才少，内容创意型人才少，文化产业人才的区域发展不平衡以及实践培养不够等诸多问题。最后，中国缺乏积极的文化产业发展财政政策。近几年来，尽管各级政府加大文化产业资金投入力度，但文化投入所占财政总支出的比重仍然偏低。以 2015 年为例，我国文化事业费近 700 亿元，占国家财政总支出 0. 39%。[①] 虽然我国也设立多项文化产业专项扶助资金，但总体规模仍然偏小，扶持力度有限，加之文化事业管理体制存在部门化、地方化和行政固化等情况，造成财政资金投入分散化，难以发挥整体效益。

从韩国文化产业发展的实践经验来看，韩国政府在韩国文化产业发展过程中功不可没。为了推动文化产业发展，韩国历届政府都非常注重顶层设计，从金大中政府的“文化立国”战略到卢武铉政府的“创意韩国”战略，从李明博政府的“文化强国”战略到朴槿惠政府的“文化隆盛”战略，都不约而同地将文化产业发展置于国家发展战略的重要位置。为了推进战略实践，韩国政府通过机构设置、制度与法律建设、财政与金融政策、人才培养等各个方面积极推动“文化立国”战略实践。为了协调和管理文化产业发展，韩国政府通过设立与完善规划、引导、协调、服务的政府机构以主动适应国家文化产业发展战略导向。为了规范文化产业发展，韩国政府积极推动文化产业战略发展规划、政策设计以及文

① 《去年全国文化事业费近 700 亿元，占国家财政总支出 0. 39%》，《人民日报》2016 年 4 月 26 日，第 15 版。

化产业发展相关法规制度建设等工作，确保从制度设计层面为韩国文化产业发展保驾护航。为了孵化与培育文化产业发展，韩国政府加大对文化产业的专项资金支持力度，建立了一大批文化产业发展基金，诸如文艺振兴基金、广播发展基金、文化产业振兴基金、电影振兴基金、信息化促进基金、出版基金等文化产业发展专项基金。[①] 为了满足文化产业发展人才需求，韩国政府积极推进文化产业人才培养政策与制度化设计，不仅培养文化产业科技人才，也强化对文化产业一般从业人员的培养。培养文化产业科技人才的目的在于提升文化科技附加值，提升韩国文化创意产品的科技含量，增强其文化产品国际文化市场的竞争力。培养文化产业一般从业人员的目的在于普及专业知识，扩大文化产业从业人员规模与增强文化产业发展的社会基础。毫无疑问，韩国的成功经验为中国发展文化产业提供了有益启示。

（二）积极打造文化软实力外交实践的物质与精神载体

尽管中国文化资源非常丰富，但对文化资源的挖掘与凝练远远不够，在大多数情况下，不少地方对文化资源的开发呈现出一种粗放型特点。很多地方政府为了发展经济，不遗余力地挖掘自己的文化资源，打出各种“文化旗号”等，但由于缺乏创意与先进科技手段，开发出来的文化产品不仅文化附加值显得不足，科技附加值也较低，其带来的经济效益也较小。这种文化资源开发在一定程度上是对市场前景广阔的文化资源的浪费与破坏，甚至葬送再度打造文化品牌的机会。尤其是很多中国文化企业为了追求短期内经济收益，把越来越多的精力都放到了商业广告方面，而忽视了打造文化产品本身的价值。

从韩国文化软实力外交实践经验来看，韩国非常注重对文化资源的

① 许为民、曹峰旗：《韩国政府在文化产业发展中的作用与启示》，《理论导刊》2008 年第 2 期，第 10 页。

挖掘与凝练，通过对文化资源对象的深入分析与把握，聚焦与凝练韩国民族特色的符号或象征，并将其放大为可以明显与其他民族区分与辨别开来的特殊标识。而且，韩国人对文化资源的挖掘涉及领域广泛，几乎涉及了所有与广义文化相关的领域，只要能凝练出特色产品的文化资源，就被韩国人加以充分利用。多年来，韩国挖掘凝练出了一批传统文化资源，包括韩国传统服饰文化、传统饮食文化、传统礼仪文化、传统建筑艺术文化以及诸多非物质文化遗产等诸多方面，向世界传递了一个文化韩国的良好形象。毫无疑问，这种成功经验对于中国挖掘与打造文化品牌形象具有重要参考价值。

（三）积极整合文化软实力外交实践渠道

国家文化软实力的塑造需要长期累积的过程，其塑造是一个国家对外文化产品传播过程中逐渐累加的在他国民众头脑中的反映和抽象，是认识主体对文化产品输出的主观能动反映。因此，能否合理选择文化软实力外交实践载体即文化产品的输出渠道是提升其效果的重要方面。改革开放以来，中国政府逐渐意识到文化软实力外交的重要价值，开始强化中国文化产品的海外输出。但面对世界文化多元化发展，单纯依靠政府单枪匹马地去推动还远远不够，尤其是考虑到受众心理，西方一些人想当然地认为政府主导的文化产品输出是中国政府输出意识形态的工具。中国政府主导的文化产品输出渠道显得过于单一，缺乏有效利用和整合民间公共外交资源以拓展文化产品传播渠道。

与中国相比，韩国在这方面表现突出。为了提升文化产品输出效果，韩国精心谋划与选择文化产品输出渠道。如前所述，韩国在文化产品输出渠道的选择上努力做到三个匹配：一是确保文化产品输出渠道的选择与受众身份及其类型相匹配；二是确保文化产品输出渠道的选择与输出内容及其特点相匹配；三是确保文化产品输出渠道的选择与受众及其特点相匹配。这种做法极大地强化了韩国文化产品输出的针对性，提升了文化软实力外交实践效果。

（四）合理选择文化软实力外交实践载体的输出策略

长期以来，中国文化软实力外交存在一个突出的特点，即以文化软实力外交实践主体为核心，强调主体意愿，而普遍对受众的意愿和心理认同缺乏应有关照。这种思维惯性，使得中国相关组织机构往往聚焦于主体自身的价值观念与目标导向，而忽视了受众人数众多、成分复杂、文化背景不同、思维方式、思维习惯、价值观相异等一系列现实问题。结果导致中国的文化软实力外交的主观色彩和说教味浓厚，缺乏一定的吸引力。反观韩国，韩国在文化软实力外交实践过程中非常注重对目标受众特点的把握，有针对性地推进文化产品输出。众所周知，世界上每一个国家或地区的民众基于其历史、地理、宗教等多种因素，都有其独特的价值判断、审美需要与欣赏情趣。因此，如果要将特定文化产品输出至某一地区，就必须充分考虑该区域民众的需求倾向及影响因素，诸如宗教信仰、价值观念、消费习惯等具体情况。同时，同一区域的目标受众也会基于自身年龄、性别、职业、信仰等，也会在外来文化资源的选择上出现差异，也需要针对性地调整文化产品输出策略。韩国正是基于这些目标区域与目标群体的差异化文化产品输出策略而提升了实施效果。

当前我国正处在经济转型期，文化产业的兴起将有助于缓解就业压力、增加人民的收入、减小贫富差距、促进社会财富再分配，有利于构建和谐社会、提高党的执政能力。中国党和政府也充分认识到了提高文化软实力的重要性，在党的十七大报告中，胡锦涛曾明确提出了“提高国家文化软实力”的时代命题，强调“要坚持社会主义先进文化的前进方向，兴起社会主义文化建设新高潮，激发全民族文化创造活力，提高国家文化软实力”①。习近平也多次指出，提高国家文化软实力，要努力夯实国家文化软实力的根基，要坚持走中国特色社会主义文化发展道路，深化文化体制改革，深入开展社会主义核心价值体系学习教育，广泛开展理想信念教育，大力弘扬民族精神和时代精神，推动文化事业全面繁荣、文化产业快速发展。② 习近平的讲话已经给中国指明了发展方向和道路。韩国的“文化立国”战略也给予了较好的参考对象。中国需要充分发掘出中华传统文化的优势，取其精华，去其糟粕，使其与时代特征相适应，与现代文明相协调，与人民生活和国家行为相联系，不断创新，真正走出一条符合中国国情的、具有中国特色的社会主义文化产业发展之路。

（五）有效规避文化软实力外交实践过程中的干扰因素

毋庸置疑，韩国文化软实力外交的成功实践成为不少国家学习与效仿的榜样。但作为韩国文化软实力外交物质与精神载体的文化产品在输出过程中，各种干扰因素也如影随形，一定程度上影响了文化产品的传播效果。尽管这些干扰因素的存在并没有完全冲蚀韩国塑造国家文化软实力外交的基础，但对文化产品输出造成的负面影响确是客观存在的。

作为经济成长历程极为相似的两个国家，韩国文化软实力外交实践经历的情形与中国遭遇的情形也大同小异，韩国文化软实力外交实践中遭遇的干扰因素会同样出现在中国文化软实力外交实践中。诸如在文化软实力外交实践主体自身素养方面。伴随越来越多的中国人走出国门，一些关于中国人的负面新闻也常常见诸海外媒体，报道的内容涵盖一些

① 《胡锦涛在党的十七大上的报告》，人民网，2007 年 10 月 24 日，http：//politics. people. com. cn/GB/1024/6429094. html。

② 《习近平：建设社会主义文化强国 着力提高国家文化软实力》，新华网，2013 年 12 月 31 日，http：//news. xinhuanet. com/politics/2013-12/31/c_118788013. htm。

中国人在海外的不文明行为以及跨国犯罪等，一定程度上损害了中国人的良好形象。因此，亟待加强出国人员的文明礼仪教育与过往不端记录的回溯审查，使每一个赴海外的中国人都成为中国文化与价值观的文明的传播者，而非国家形象的损害者。中国一些用于输出的文化资源自身也存在明显缺陷，不仅不能够塑造国家良好形象，而且起到相反效果。例如《红高粱》等一些在国际影展上获奖的电影，尽管具有较高艺术性，但反映的都是中国落后愚昧的形象，不利于塑造一个现代化中国的形象。另外，在文化产品输出渠道选择方面，中国仍有较大提升空间。多年来，中国的对外文化产品输出过度地依赖传统官方渠道，尽管官方渠道有其独特的功效，但民间渠道有着官方渠道无法替代的作用，更能够在潜移默化之中实现文化软实力的外交目标。另外，中国也应该加强对目标受众认知倾向的关注。可以通过增进国家间良性互动、发展国家间友好关系等培养国际民众间的友好感情；也可以通过改善与优化国内旅游环境，提高服务水平等方面提升中国旅游文化资源对海外民众的吸引力。

党的十八大以来，习近平多次倡导“要讲好中国故事”。讲好中国故事，既要立足中国文化，又要立足中国国情，即要在排除干扰因素的前提下把中国优秀文化准确地传递出去，从继承与延续民族文化血脉中开拓前进，真正构筑起中国特色、中国风格、中国气派的文化产品输出体系，切实提升中国的文化软实力。通过传播媒介的创新与融合，让那些满载中国好故事的文化产品更广泛地传播到世界各地，传递一个文明、开放、和平的真实中国形象。

二战后日韩关系的演变

姜龙范*

摘　要　二战结束以后，日韩两国邦交正常化进展迟缓。最终，在美国的策划和推动下，日韩两国才于20世纪60年代中期实现了邦交正常化。实现邦交正常化以后，日韩关系的发展并不顺利，长期在历史问题、慰安妇问题、领土问题等方面龃龉不断。冷战结束以后，美国积极推动美日韩三国关系向实质性同盟关系转变。面对进入21世纪以来中国崛起带来的国际关系格局变动，日韩两国积极谋求建立新型伙伴关系。

关键词　日韩关系　历史问题　慰安妇问题　领土争端　三国同盟　新型伙伴关系

日韩关系是一对特殊的双边关系。冷战时期，无论是日本还是韩国，都是美国远东战略棋盘上重要的棋子。基于反共战略，美国将日韩两国都绑上了同一辆战车。也正因为如此，对韩国而言，对日关系是仅次于对美关系的双边关系；而对于日本来讲，韩国则成为其在朝鲜半岛拥有话语权，进而实施其东北亚安全战略的重要支点。在美国的推动下，1965年6月两国正式签署《日韩关系基本条约》，实现了邦交正常化。然而，邦交正常化的实现并没有真正解决两国之间的领土争端和历史问题，也难以从根本上弥合两国人民之间的情感裂缝。与此同时，两国从根本

* 姜龙范，天津外国语大学涉外法政学院院长，朝鲜半岛研究中心主任、教授。

上缺乏深层次战略性合作的基础，缺乏实质性同盟关系所必需的战略性和解。因此，冷战时期日本和韩国只是美国基于双边联盟方式来管理的两个主要亚洲盟国。

冷战结束以后，日本调整了对朝鲜半岛的政策，并制定了新战略和新策略。在对韩关系上，争取同韩国彻底实现关系正常化，结束过去、开辟未来，努力构建两国“新型伙伴关系”。与此同时，韩国政府也抓住国际关系格局变换的历史机遇，积极调整对日政策，力图构建“面向 21 世纪的日韩关系”。2015 年 12 月，日韩两国终于达成协议，解决了持续半个世纪的“慰安妇问题”。同时，趁朝鲜连续进行核武器试验、弹道导弹试射以及美国在韩部署“萨德”系统导致中韩关系龃龉之机，日韩关系急剧升温。双方签订了《军事情报保护协定》（GSOMIA），日韩军事关系呈现出由“准同盟”向“同盟”转变的明显趋势。

本文将从战后日韩关系的演变入手，系统梳理战后不同历史时期两国关系的演进脉络，在此基础上分析和探讨日韩“新型伙伴关系”内在的深层问题，以便对两国关系的现状与未来进行评估与展望。

一、日韩邦交正常化的谈判

战后日韩关系是在美苏冷战格局下、在美国的推动下定位的。日本在重返国际社会时，选择了一条以日美关系为“基轴”、向西方阵营一边倒的外交路线。在朝鲜半岛问题上，日本同样采取了追随美国“向韩一边倒”的政策。在美苏冷战不断激化的形势下，美国为拼凑东北亚反共同盟，建立包围社会主义国家的所谓“新月形”防线，竭力促成日本和韩国实现关系正常化，并一直充任日韩邦交谈判的幕后牵线人。尽管当时日韩两国政府都有意实现关系正常化，但 35 年殖民统治遗留下来的各种问题却构成了复交的严重障碍，进而决定了两国复交谈判的旷日持久。

早在1951年9月，《日美安全保障条约》签订后，美国出于朝鲜战争的需要，立即指令日本同韩国进行邦交正常化谈判。美国力促日韩改善关系的目的，除了冷战“反共”的需要之外，还有将韩国的经济负担转让给日本的意图。朝鲜战争的发生，使韩国在经济上完全依赖于美援，这使美国感到不堪重负。让日本分担对韩国的经济负担，是美国力促日韩关系改善的动因之一。

1951年10月在“盟总”的安排下，日韩两国代表在东京举行邦交正常化预备会谈，1952年2月进入首轮正式谈判。在首轮会谈中，双方主要围绕财产请求权和“李承晚线”① 的划定问题存在鲜明对立。韩方提出以清算日本35年殖民统治为内容的对日财产请求权；日方则主张日本也有对韩国的请求权。结果，历时六个月的第一轮日韩邦交正常化谈判未能取得实质性进展而不欢而散。同年8月，韩国海军开始缉捕进入“李承晚线”的日本渔船；10月，韩国政府公布《捕获审判令》，并在釜山设立法庭，审判被捕日本渔民。被扣押的日本渔民达1000余名，两国关系随之趋于紧张。②

日韩之间日益尖锐的对立引起了美国的担忧。作为美国在东北亚地区反共前沿的两个重要盟国，日韩之间激烈的感情碰撞与利益争斗自然是美国所不愿见到的。1952年12月，刚刚在大选中获胜的艾森豪威尔总统访问韩国，并要求其与日本通过会谈改善关系。翌年1月，在联合国军总司令克拉克的撮合下，李承晚总统访问日本，并同吉田茂首相举行会谈。在美国的“干预”下，1953年4月，双方代表在东京举行第二轮谈判。韩方仍坚持首先解决财产及请求权问题，而日方主张

① “李承晚线”，又称“和平线”，是朝鲜战争初期麦克阿瑟划定的一条距韩国海岸约60海里左右的防卫线。1952年1月，李承晚将这条界线确定为韩国的防卫线。陈峰君、王传剑：《亚太大国与朝鲜半岛》，北京：北京大学出版社2002年版，第150页。

② 宋成有、李寒梅等：《战后日本外交史》（1945—1994），北京：世界知识出版社1995年版，第295页。

应尽快解决渔业问题以及旅日韩侨回国等问题。双方在谈判议题、程序等方面各持己见，毫无进展。7 月 23 日，正值朝鲜战争停战协定缔结前夕，日本政府出于观望朝鲜半岛局势发展的目的，提出休会，两国谈判中止。此后，韩国继续缉捕进入“李承晚线”的日本渔船，以表示其强硬态度，从 1953 年 7 月至 10 月初，共缉捕了 70 余艘日本渔船。① 同年 10 月 6 日，双方举行第三轮谈判。谈判中，日方不仅没有撤回对韩财产请求权，反而为日本侵略朝鲜②进行辩护。日方首席代表久保田贯一郎口出狂言说：“日本在朝鲜修筑了铁路、港口，营造了农田，大藏省在当时投资的最高年度投入 2000 万日元。”③ 日本提出对韩请求权的目的无非是为了抵消韩国的财产请求权要求，实质是掩盖其侵略和殖民统治罪行，并以“抵消论”来减少日本的损失。久保田的狂言激怒了韩国朝野，并遭到舆论的猛烈抨击。韩国政府要求日方撤回久保田的错误言论。对此，日本政府百般狡辩，第三轮谈判遂告破裂。1954 年 4 月，韩国政府宣布停止对日贸易，并用武力扣押进入“李承晚线”的日本渔船，双方关系进一步恶化。

1957 年 2 月，岸信介内阁上台，重新着手改善日韩关系。同年 12 月，日本政府正式撤销对韩国的请求权以及久保田发言。翌年 4 月，在美国政府的敦促下，第四轮日韩邦交正常化谈判在中断四年之后重新恢复。双方仍旧因殖民统治时期的遗留问题和旅日韩侨回国等问题僵持不下，谈判面临破裂。1960 年 4 月 19 日，李承晚因长期实行独裁统治并操纵总统选举被群众运动赶下台。第四轮日韩邦交正常化谈判因韩国政局

① ［韩］高丽大学亚洲问题研究所：《韩日关系资料集》第 1 集，汉城（今首尔）：高丽大学出版社 1976 年版，第 28 页。有关日韩邦交正常化交涉问题，参见宋成有、李寒梅等：《战后日本外交史》（1945—1994），北京：世界知识出版社 1995 年版，第 295—301 页。

② 此处指整个朝鲜半岛。

③ ［日］石丸和人等：《行动起来的日本外交》，《战后日本外交史》第 2 卷，东京：三省堂 1983 年版，第 305 页。

突变而被搁置下来。同年10月，在张勉政府的主导下[①]，第五轮日韩邦交正常化谈判在东京举行。日本主张先解决渔业问题，建议缔结渔业协定以取代“李承晚线”；韩国则重视解决财产请求权问题，希望引进日本经济，发展本国经济。双方坚持各自立场，谈判进展缓慢。1961年5月16日，韩国爆发军事政变，第五轮谈判再度流产。

朴正熙上台伊始，韩国政局混乱、经济崩溃，急需美日支持，因此对韩日邦交正常化谈判极为重视。为了维护法统，重建经济，朴正熙积极倡导“经济第一主义”，制订了“经济开发五年计划”，并提出“先建设、后统一”的口号，全力发展经济，以提高国家的经济实力。但此时美国对韩经援却在日益减少。[②] 在这种情况下，韩国政府将目光转向经济高速发展的近邻日本。

1961年6月，美国总统肯尼迪极力促使来访的池田勇人首相采取积极行动，尽早恢复日韩邦交正常化谈判会谈。对此，池田表示“在某种意义上韩国问题比中国问题更重要”，并表示“日本决心开始日韩交涉，重视邦交正常化”。[③] 于是，双方于10月20日启动第六轮会谈。11月初，美国国务卿腊斯克访问日韩两国，敦促日韩早日实现邦交正常化。尤其是在与池田首相的会谈中，腊斯克一再强调韩国问题的重要性，并要求日本尽快同韩国实现邦交正常化，以协助韩国在经济、政治上的安全。不久，朴正熙总统访美途经日本与池田首相会谈。朴正熙表示不要求赔偿性质的请求权，若日本在请求权问题上有诚意的话，则可以灵活处理“李承晚线”的问题。朴正熙在请求权和渔业问题上的让步，使日本十分

① 1960年4月至8月由许政执掌韩国政坛，从8月至翌年5月则由张勉出任韩国总理。

② 1957年美国对韩国的经济援助额为36880万美元，1960年则下降到24520万美元，减少33.51%。参见［美］李庭植：《韩国与日本》，汉城（今首尔）：教保文库1986年版，第64页。

③ ［日］石丸和人等：《行动起来的日本外交》，《战后日本外交史》第2卷，东京：三省堂1983年版，第330—331页。

满意。双方原则上同意早日实现邦交正常化，以经济合作代替赔偿，解决“对日请求权”问题。“池田—朴正熙会谈”是推动日韩解决“悬案”的里程碑式会谈，对第六轮会谈起了催化剂作用。1962 年 10 月 20 日至 11 月 12 日，朴正熙派情报部部长金钟泌到东京同日本外相大平正芳会谈，就请求权问题达成《金—大平秘密备忘录》。该备忘录确立了以经济合作方式解决请求权问题的框架，从而突破了日韩谈判中的最大障碍，双方几近达成协议。在随后举行的谈判中，双方交涉的重点便集中到了渔业问题上。在渔业问题上，韩国主张 40 海里的领海主权，日本则主张 12 海里的领海主权。尽管该轮谈判未达成协议，但双方基本上消除了邦交正常化的一大障碍，而韩国坚持的“李承晚线”事实上已被废除。①

1961 年 10 月启动的第六轮日韩会谈，一直持续到 1964 年 4 月。其间，双方先后举行了包括首脑会谈和外长会谈，以及相关部长和职能部门负责人之间的多达数十次会谈。纵观第六轮会谈，韩方在财产请求权、“李承晚线”等一些关键问题上确实做出了不少让步。在韩国在野党和广大民众来看，政府推行的是一套对日“屈辱外交”；而在日本的左翼阵营（反对《日美安全保障条约》的在野各党、左翼学生和旅日朝鲜人）来看，日韩建交则是美日韩结成东北亚战略同盟的重要步骤。在来自各方的压力下，韩国崔斗善内阁宣布总辞职，一直主导对日交涉的金钟泌也被作为“替罪羊”解职，第六轮会谈于 1964 年 6 月宣告中断。

同年 11 月 9 日，佐藤荣作上台组阁。佐藤欲将日韩邦交正常化作为其当政的第一件大事来处理，在上任第二天，佐藤就表示要解决日韩建交问题。佐藤政府的积极姿态赢得了韩国政府的正面回应。12 月 3 日，双方启动第七轮会谈。会谈中，双方围绕着《日韩合并条约》等旧条约的有效性问题和韩国主权范围出现分歧。韩方认为上述条约自订立之日

① 详见宋成有、李寒梅等：《战后日本外交史》（1945—1994），北京：世界知识出版社 1995 年版，第 298—301 页。

起即为无效；日方主张从国际法角度看条约有效，但韩国独立后可以视为无效。至于韩国主权范围，韩方坚持其政府为朝鲜半岛的“唯一合法政府”；日方主张限定承认方针，即韩国主权管理范围在38度线以南地区。最后双方妥协，对上述争执尽力加以回避，有意采取含混做法。①

1965年2月17日，日韩两国经过长达14年之久的“马拉松”会谈，终于达成协议，签订了《日本国与大韩民国基本关系相关条约》（简称《日韩基本关系条约》，于1965年2月草签、6月正式签署）及相关附属协定。② 经过两国国会批准后，同年12月18日，双方又在汉城（今首尔）换文。至此，旷日持久的日韩会谈终告结束。

根据作为《日韩基本关系条约》附属文件的《日韩请求权及经济合作协定》，日本分10年向韩国无偿提供相当于3亿美元的“日本国产品及劳务”；分10年向韩国提供2亿美元的长期低息贷款，用于韩国从日本购买所需之“日本国产品及劳务”；日本政府同意早日促成“3亿美元以上的民间经济合作”，从而“完全彻底解决两国及两国人民（包括法人）之间存在的财产请求权问题”。③

日韩邦交正常化谈判历时14年之久，期间屡谈屡败、屡败屡谈，终于达成了协议。《日韩基本关系条约》可以说是在美国策划和推动下缔结的，在日韩漫长的邦交正常化谈判中，美日韩高层之间的往返穿梭外交颇为频繁，美国更是在日韩谈判的所有“关键时刻”都周旋于两国之间，居中调停。在美日、美韩双边高层会谈中，美国始终把日韩邦交正常化

---

① 详见宋成有、李寒梅等：《战后日本外交史》（1945—1994），北京：世界知识出版社1995年版，第302页。

② 相关附属协定包括：《日韩基本关系条约》附属文件中主要是《关于日本国与大韩民国之间的渔业协定》《关于解决财产及请求权问题及有关经济合作的日本国与大韩民国之间的协定》《关于在日本国居住的大韩民国国民的法律地位及待遇的日本国与大韩民国之间的协定》《关于文物及文化合作的日本国与大韩民国之间的协定》《关于解决纷争的交换公文》等。

③ ［日］鹿岛和平研究所编：《日本外交主要文书·年表》（1961—1979），东京：原书房1984年版，第584—585页。

作为主要的话题，为日韩邦交正常化谈判创造良好的氛围，可谓竭尽了全力。

二、龃龉不断的日韩关系

（一）冷战时期的“政冷经热”

日韩复交虽有完全依赖美国之嫌，但根本原因还是出于两国国内经济政治的需要，尤其是经济上的相互需求更大。进入 20 世纪 60 年代，韩国政局持续动荡，美援逐渐减少，经济不断恶化，社会秩序越来越混乱。为了重建经济，稳定政局，韩国非常希望改善同日本的关系。特别是在南北双方政治、军事对立的情况下，韩国需要同邻国发展关系，以创造有利的周边安全环境。因此，韩国不惜在谈判中做出重大让步，以求尽快地与日本达成协议，从而最终推动两国关系正常化的实现。而此时的日本，自 20 世纪 50 年代后期开始经济快速增长到 60 年代中期，已经发展成为具有世界先进水平的资本主义强国。① 为了扩大资源供给和商品市场，日本把目光转向西欧的同时，也有意趁美国忙于越战、韩国经济困难之机，进入韩国市场。正如池田首相的观点，“对韩国的外交政策是经济问题”②。因此，在日韩邦交正常化的过程中，日本产业界表现出了异乎寻常的热情。

《日韩基本关系条约》签订第二天，日本产业界就提出“立即派遣代表团去占领韩国市场”，去控制“韩国经济领导权和资源中心”。1965 年

① 余昺雕：《日本经济论》，长春：吉林大学出版社 1989 年版，第 142 页。

② ［日］伊藤帽哉：《池田勇人的生与死》（池田勇人の生と死），东京：至诚堂 1965 年版，第 172 页。

9月，韩国允许日本在韩设立“在外事务所”[①]，又允许向日本商社提供登记。随后，日本企业界就派出60多个贸易公司的调查团到韩国开展活动，并同韩国经济界共同发表了一份“日韩经济合作”的建议。1966年2月，日韩联合经济恳谈会在东京举行。5月，韩国副总理张荣基访日并同佐藤首相会面，决定召开定期的日韩经济阁僚恳谈会。1967年3月，丁一权总理访日，双方商定将日韩经济阁僚恳谈会升格为日韩定期阁僚会议。在此形势下，双方经济往来频繁，日本商品、资本源源不断涌入韩国。1964年日本输往韩国的商品总额为1.6亿美元，1965年猛增至8亿美元，1972年则超过10亿美元。[②] 据统计，截至1969年日本对韩国的直接投资已达2.211亿美元，占韩国引进外资总额的27%。同年，日本在韩国兴建浦项钢铁厂，标志着日韩经济合作开始进入基础工业领域。1970年4月，在日韩经济合作委员会上，日方代表矢次一夫提出所谓的《矢次方案》，即《日韩长期经济合作试验方案》，建议把日本的关西以西和韩国浦项以南的两国工业区联为一体，形成一个共同市场。这充分反映了日本财界意图通过经济合作对韩国进行控制的强烈愿望。1971年和1972年，日本再次向韩国提供2亿和3.05亿美元的贷款，并出资10.87亿日元在韩国总统朴正熙的家乡修建工业高等学校。[③] 截至1973年上半年，日本对韩国投资总额已达3.5亿美元，远远超过美国1.7亿美元，跃居韩国外资排名榜之首位。[④] 日本的先进技术和管理经验随着投资和贷款进入韩国，对韩国经济的恢复与发展起到了积极的作用。而对于

---

① ［日］日韩关系研究会编：《日韩关系基础知识——资料与分析》，1975年11月版，第139—140页。

② ［日］藤井松一、大江志乃夫：《战后日本历史》（下），东京：青木书店1971年，第236页。

③ 林晓光：《战后日本对南朝鲜外交》，《日本学刊》1992年第1期，第78页。

④ ［新加坡］卓南生：《日本外交：卓南生日本时论文集》，北京：世界知识出版社2006年版，第75页。

日本来讲，它既缓和了韩国反日感情，又确保了海外投资场所和出口市场，收到一石二鸟的效果。

但随着两国经济关系的加深，双边贸易的不平衡现象也日益严重，截至 1978 年，日本对韩国贸易顺差累计高达 123. 32 亿美元。由于日本将对韩贸易的收入以政府贷款形式借给韩国，韩国再以贷款购入日本商品，使日本通过这种循环方式牢牢地控制和操纵日韩贸易，连连盈利。对此，韩国负责经济的副总理张基荣颇为无奈地说："日本不仅吃鸡、吃蛋，而且连蛋带小鸡一块吃。"①

除了在经贸问题上出现一些矛盾外，双方还在政治、安全领域也发生了一些严重的摩擦事件。1973 年 8 月，韩国中央情报局特工在日本东京帝国饭店绑架了韩国新民党总裁、总统竞选人金大中。这是导致日韩关系紧张的最初事件，日本认为这是一起韩国特殊机关策动的严重的"主权侵害行为"，要求韩国政府道歉并将金大中送回日本。这一事件，导致双边"定期阁僚会议"中断，尤其是日方对金大中绑架问题的处理方式使日韩关系跌至历史最低点；1974 年 4 月，韩国学生掀起学潮，反对朴正熙的独裁统治。对此，朴正熙独裁政府发布《紧急措施》，对学潮加以镇压。同时借口日本留学生早川嘉春和太刀川正树与"民主学联"有接触，以间谍罪判处二人有期徒刑各 20 年，引发两国关系再度紧张；同年 8 月，在日朝鲜侨民文世光在汉城举行的韩国光复节纪念仪式上枪击朴正熙。朴正熙虽然幸免于难，但其夫人陆英修却中弹身亡。韩国政府认为这是一起"北韩以日本作为'工作基地'对韩国实施的破坏和颠覆活动"，其责任应由日本承担。② 围绕上述事件，双方互相推卸责任，使两国关系一度陷入紧张状态。经过美国的居中调解，双方虽然达成外交妥协，但其影响是深远的。由于上述几起重大事件的影响，朴正熙时

① ［美］李庭植：《韩国与日本》，汉城（今首尔，）：教保文库 1986 年版，第 88 页。

② ［韩］韩国外交通商部：《韩国外交 50 年》（1948—1998），1999 年，第 49 页。

代的日韩关系再未恢复到60年代后期的水平。直到“10·26”事件发生，“定期阁僚会议”仍未恢复，日本的资金援助也迟迟没有解冻。

进入20世纪80年代，国际形势发生了重大变化。1979年苏联入侵阿富汗后美苏关系紧张，冷战中出现了热战。1981年里根上台后，为了加强对苏联的对抗体制，极力唆使日本密切同韩国的关系。在韩国，1979年12月，全斗焕发动军事叛乱掌握军权并于1980年9月担任韩国总统。之后，全斗焕于翌年2月访问美国，美国表示全面支持全斗焕政权。1981年5月，在渥太华召开西方七国首脑会议之际，美国总统里根要求日本援助韩国，铃木善幸首相欣然答应。8月21日，日韩两国举行外长会议，全斗焕政府顺水推舟向日本提出100亿美元的援助要求。其中包括60亿美元的政府开发援助软贷款和40亿美元的商业贷款。在韩国看来，“韩国在军事分界线上同北方对峙是对日本安全的贡献”[①]。为此，韩国在借款的事务性谈判中，反复强调所谓韩国是日本安全的“防波堤”，日本是“免费搭乘”，韩国目前的困难是因日本所致，日本必须为其搭便车支付“安全租金”。日本对韩国的上述说辞非常恼怒，认为这是一种经济讹诈，并强烈反对将对韩国的贷款当作是其应缴的安全租金。两国间爆发的激烈争吵导致9月10日在汉城召开的第十一届日韩阁僚会谈不欢而散。1982年春，在美国的斡旋下两国重开会谈，韩国方面主动把援助额减半，但因发生日本“教科书风波”，谈判中断。

1982年11月，中曾根康弘上台执政。他以“战后政治总决算”为目标，强调发挥日本在东北亚的作用，主张加强与韩国的关系，提出了“日韩新时代”的口号。1983年1月，中曾根在访美前夕对韩国进行了闪电式访问。这是日本首相第一次对韩国的正式访问，也是中曾根就任首相后外交出访的第一站。对于韩国来讲，此访可谓成果颇丰：政治上，

① ［日］《世界杂志》临时增刊号，东京：岩波书店1991年4月版。

中曾根代表日本政府首次就朝鲜半岛的殖民统治向韩国表示“谢罪”和“反省”；经济上，日本答应在未来七年内向韩国提供 40 亿美元贷款（18. 5 亿美元的政府开发援助贷款，其中 55%用于购买日本产品，偿还期为 25 年，年利率 4%；21. 5 亿美元为商业贷款，全部购买日本产品，5—15 年期间还清，年息 9. 25%）。[①] 这个数字相当于 1965 年邦交正常化以来日本向韩国投资总额的三倍。需要指出的是，这笔援助带有浓厚的军事色彩，从而基本满足了韩国的“安保援助”要求。通过中曾根的这次访问，双方解决了 1981 年以来两国之间存在的悬而未决的“安保援助”问题，并开创了日韩关系的“新时代”。

1984 年 9 月，全斗焕不顾韩国人民的强烈反对，动员 2. 3 万名警察，消耗 7. 8 亿日元保安费，实现了对日本的访问。这是日韩建交 19 年以来韩国总统的首次访日，此行被两国首脑形容为翻开了“日韩关系史的新篇章”。在日本羽田机场，全斗焕反复强调日韩两国为“近而又近”的关系。[②] 访日期间，全斗焕同中曾根举行了两轮会谈，并发表了联合声明。经过双方的多次接触与讨价还价，全斗焕此次访韩取得了以下两个方面的重要成果：一是日本天皇对日韩之间“不幸的过去，表示遗憾”；二是日本官方表示同意“继续努力”改善旅日韩侨的法律地位。

日本天皇公开对日本侵略邻国的“不幸过去，表示遗憾”，这还是第一次，可以视为日本天皇对战争的首次公开反省。但是，日本天皇避开韩国主张的“谢罪”字眼，而使用“遗憾”的暧昧措辞，未免令韩国对日本反省的诚意产生怀疑。至于旅日韩侨的法律地位问题，日本政府只是表示“将继续努力改善”而并无具体承诺和措施，更引起韩国的

① ［韩］《东亚日报》1983 年 1 月 13 日。

② ［日］高峻石：《现代朝日关系史——朝鲜解放与日本》（現代朝・日関係史–解放朝鮮と日本），东京：社会评论社 1986 年版，第 258 页。

不满。[1]

有人形容日韩两国是（地理上）距离最近，但也是（心灵上）相距最远的国家。两国虽然早在1965年就实现了邦交正常化，但从1983年日本首相中曾根康弘访问汉城到1984年韩国总统全斗焕访问东京，之前两国首脑从未有过互访，双方的关系也未真正实现正常化。日韩虽然以全斗焕总统的访日为契机宣布两国关系进入“新时代”，但两国关系并没有朝着两国首脑所期待的方向顺利地发展。一是日本国内掀起历史翻案风，一而再、再而三地伤害韩国的民族感情。1983年和1985年8月15日，中曾根两次以首相身份参拜靖国神社（1986年和1987年在亚洲各国人民的抗议下没有参拜）；1986年7月25日新上任的中曾根内阁（1986年7月22日中曾根第三次组阁）文部相藤尾正行大放厥词，攻击东京国际军事法庭审判日本战犯没有“客观标准”，谩骂亚洲国家对文部省审定教科书篡改侵略历史的抗议是“说三道四”。[2] 二是在全斗焕访日期间，日本政府同意改善70万旅日韩侨的社会地位，但并没有实际进展。在这种情况下，1986年9月21日至22日中曾根借出席第10届亚运会汉城开幕式之机，访问韩国。在与全斗焕的会谈中，中曾根保证日本对朝鲜半岛的政策不变，支持韩朝两国同时加入联合国，并对藤尾发言表示歉意，从而为藤尾事件画上了句号。同时，中曾根还表示有意简化在日韩侨办理居留的手续，即由当时每隔五年盖一次指纹，调整为日后只须盖一次指纹。因此，中曾根的此次访问成为名副其实的“道歉外交”。[3]

---

① ［新加坡］卓南生：《日本外交：卓南生日本时论文集》，北京：世界知识出版社2006年版，第168页。

② 新华社东京日文电讯，1986年7月27日。

③ ［新加坡］卓南生：《日本外交：卓南生日本时论文集》，北京：世界知识出版社2006年版，第194页。

1987 年 11 月竹下登组阁后，把进一步密切日韩关系作为亚洲外交的重要环节而采取一系列相应举措。1988 年 2 月竹下登首相访问韩国。在与新任韩国总统卢泰愚的会谈中，竹下保证在汉城奥运会期间提供安全合作。双方还一致同意设立 21 世纪日韩委员会，以促进两国关系的进一步发展。同年 9 月，竹下再次访问韩国，并出席汉城奥运会。在同卢泰愚举行的会谈中，竹下盛情邀请卢泰愚总统访日，并保证日本将继续加强全面合作，密切两国关系。

进入 20 世纪 90 年代，日韩双方最高首脑频繁互访，双方均以发展新形势下的新型双边关系作为自己外交政策的重要组成部分。1990 年 5 月，韩国总统卢泰愚访日，日本天皇、首相分别用“痛惜”“谢罪”等字眼对历史上侵略的行为表示反省。对此，卢泰愚表示：“既然日本已直率地认错，并作了反省和道歉，我们就应该宽宏大量地接受他们的道歉。”① 访问期间，卢泰愚在日本众议院做了题为《世界变化中的新韩日关系》的演讲，呼吁两国建立与“真正邻人”相称的关系，并且作为同伴“带头开创太平洋时代”。② 1991 年 1 月，日本首相海部俊树访问韩国。双方一致认为，随着朝鲜半岛国际局势的变化，彼此应拓宽外交视野，在相互信任的基础上，从东北亚和全球的角度出发，构筑能在国际问题上发挥作用的两国关系。访问期间，双方还达成了“日韩新时代三原则”（即：加强伙伴关系；为亚太地区的和平与发展做出贡献；在解决全球问题上共同努力），这标志着日韩两国关系进入了全面睦邻友好的新时代。同时，双方还交换了《旅日韩国人法律地位和待遇备忘录》，决定自动给予旅日韩国人第三代以永久的居留权；强制驱逐出境的只限于犯有内乱、外患者和有碍外交利益者；在 1993 年以前废除按指纹制度，以新的制度取代。1992 年 1 月宫泽喜一首相访

① 林辉基：《亚太地区国际关系概论》，济南：山东人民出版社 1995 年版，第 548 页。
② 《朝日新闻》1990 年 5 月 25 日。

韩时，正式承认日本军队曾参与征召随军慰安妇和经营过慰安所，对于“被征召的朝鲜妇女经受的难以用笔墨和言辞形容的痛苦表示由衷的歉意并进行反省”①。

虽然卢泰愚政府试图从新的高度制定对日政策框架，推动新日韩关系的建立，但两国关系发展并不顺利。卢泰愚执政时期，两国在历史问题、“慰安妇”问题、双边经济摩擦、日朝谈判等问题上分歧逐步扩大，几度激起韩国民族主义情绪的高涨，加深了日韩民族隔阂，致使两国关系非但没有前进反而出现一定程度上的倒退。

（二）冷战结束后由“荒废”到“蜜月”再到“退潮”

金泳三上台之初，曾将历史问题与经济问题脱钩，倡导两国应从注重“政治逻辑”转向注重“经济逻辑”，努力扭转两国关系发展的颓势。1996 年 6 月，日本首相桥本龙太郎对韩国进行工作访问，并同金泳三总统举行会谈。双方强调两国应在地区和国际事务中加强磋商与合作，同意建立面向未来的日韩关系。引人注目的是，此次会谈没有涉及两国间包括“随军慰安妇”在内的历史遗留问题以及领土争端。这同以往的首脑会谈形成了鲜明的对照。日韩首脑避开棘手问题是为了营造两国建立面向 21 世纪新型关系的气氛。然而，20 世纪 90 年代中期以后，日本政治右倾化倾向日益严重，阁僚接连在历史问题上大放厥词，美化侵略战争，进一步损害了原本脆弱的两国关系。尤其是，1996 年 2 月两国就“独岛”（日本称“竹岛”）归属问题发生的严重争执，又给两国关系带来了新的裂痕，导致两国关系降至建交以来的最低点，面临着

① 共同社汉城 1992 年 1 月 17 日电。转引自邱红艳：《论冷战后的韩日关系》，《国际政治研究》1995 年第 4 期。

“史无前例的危机”[①]。翌年，亚洲金融危机爆发，到 1998 年年初，韩国的金融危机发展为全面的经济危机，韩国经历了“朝鲜战争以来最大的一次国难”[②]。

面对“国难”，韩国国民反思政治、经济体制弊端的同时，对金泳三政府的对日政策也提出了质疑。1997 年年底，韩国国内要求反省过去对日外交的呼声渐高，认为“金泳三政权在历史认识和领土等问题上过分地刺激了日本人的感情”。韩国主流媒体《中央日报》和《朝鲜日报》纷纷发表评论，呼吁“重新恢复已荒废了五年的日韩关系”[③]。

在韩国面临历史上空前严重的金融危机和经济难题的非常时刻，金大中上台执政。1998 年 2 月 25 日，金大中总统在就职典礼上发表题为《开辟克服困难和再次飞跃的新时代》的演说，指出本届政府是“依靠国民的力量形成的真正的‘国民政府’”。金大中接管政权以后，在内政、外交方面实行了一系列的改革，而修复“荒废了的日韩关系”则是金大中对外政策的核心课题之一。为了扭转历史问题和被冷战战略左右的对日政策，金大中总统提出了日韩关系“新思维”。

在金大中政府初期，日韩关系有了实质性的发展。首先，签订《日韩渔业协定》，解决了两国僵持多年的渔业纠纷。1998 年 3 月 20 日，两国外长在汉城同意重新开始修改双边渔业协定的谈判，并于同年 9 月 25

---

① 1996 年 2 月 7 日，韩国政府宣布将于 3 月开始在其控制的“独岛”动工兴建一个码头，以便让渔船和运输船只完全停靠。日本政府对韩国的宣布立即做出反应。2 月 8 日，桥本首相说，日本将以务实的态度同韩国讨论对该岛的管辖权问题。次日，外务大臣池田行彦在记者招待会上指出，“竹岛”是日本领土的一部分，韩国在该岛修建码头是对日本主权的侵犯。对于日本立场和言论，韩国政府极为恼火。2 月 9 日，韩国外交部发言人徐大源立即发表声明，重申了韩国立场。2 月 10 日，金泳三总统也说，日本关于对“独岛”拥有主权的说法“不能容忍”，并指示其政府以坚决的态度处理“独岛”问题。据称，金泳三总统还命令国防部派战斗机在“独岛”上空进行巡逻。参见［日］猪口孝：《日本的亚洲政策》（日本のアジア政策），东京：NTT2003 年版，第 21 页。

② 《每日新闻》1998 年 2 月 27 日。

③ 《产经新闻》1997 年 12 月 30 日。转引自王公龙：《金大中上台后韩国对日政策》，《当代亚太》1999 年第 3 期，第 22 页。

日终于结束了旷日持久的渔业谈判。11月29日，《日韩渔业协定》终于签订。首先，该协定重新在东海（日本海）设定了渔业区和配额，允许两国渔船在距各自海岸200海里（370公里）的区域内捕捞。其次，两国在经济和安全上的合作也前进了一步。5月27日，韩国进出口银行从日本进出口银行得到10亿美元的贷款，进口日本的资本货物和工业设备。9月1日，即在朝鲜发射“大浦洞导弹”的第二天，两国国防部长官在东京讨论对策和扩大双边军事安保领域的合作问题，双方同意在对付朝鲜的导弹问题上建立高级别的协商通道。①

10月7日，金大中总统对日本进行了为期四天的正式访问，为日韩关系的突破性进展创造了良机。金大中总统表示要超越过去的不幸历史，并将此次访日的意义定位为“清算过去，开辟未来”，因此，他的访日被日本传媒喻为象征“日韩新时代”。在访问期间，金大中与日本首相小渊惠三共同签署了《日韩共同宣言——面向21世纪的新合作伙伴》（韩称《21世纪韩日新伙伴关系共同宣言》，以下简称《共同宣言》）及其附属文件《面向21世纪日韩双边合作行动计划》（以下简称《行动计划》）。② 在《共同宣言》中，日本就过去的殖民统治向韩国作书面反省和道歉，金大中总统则表示今后不再提历史问题，从而使两国首次以文件的形式“清算”了过去的历史，“翻开了日韩关系史新的一页”，“标志着两国关系迎来了一个转折点”。③ 至此，日韩关系终于迎来了历史的和解。

在《共同宣言》的附件《行动计划》中，两国商定今后将在政治、经济、外交、安全保障、文化五个领域加强合作，内容涉及43个领域，

---

① 曹中屏、张琏瑰等编著：《当代韩国史（1945—2000）》，天津：南开大学出版社2005年版，第534页。

② 全文分11个部分，详见［韩］《朝鲜日报》1998年10月9日，第4版。

③ 新华社东京1998年10月10日电。

主要包括：每年举行首脑会议；召开内阁成员恳谈会；扩大防卫交流；实施日本对韩国提供30亿美元的输出入银行贷款；为成功举办2002年世界杯足球赛互相合作；扩大青少年、学术和文化交流，向日本开放韩国文化市场，等等。10月20日，韩国解除实行了53年的对日本大众文化的禁令，开始分阶段对日开放文化市场，允许日本歌曲、电影等通俗文化产品进口，并在官方文件中取消“日帝”“日王”等称呼而改成“天皇”；容许日本演员在韩国电影中扮演主角，而且对日本流行音乐、卡通制作和演出艺术的限制也将取消。1999年5月，日韩两国开通了汉城与东京之间陆、海、空司令部的三条军事热线。同年9月10日，韩国文化观光部宣布第二阶段对日本开放文化市场，容许日本流行音乐家在韩国举行室内演出。2000年3月18日，日本文部省大臣中曾根文弘访问韩国，实现了二战后日本文部相首次访韩。接着，3月26日又公布了第三阶段的开放计划。

日韩两国宣布建立“新型伙伴关系”的举措，曾在两国国内引起强烈反响。日本的主流媒体对《共同宣言》的发表都给予了高度评价，盛赞韩国“接纳日本大众文化”，并称这给日本国内外留下了“日韩新时代”已经到来的印象。[①] 韩国国内的反应虽然比较谨慎，但金大中访日所取得的成果仍然受到了广泛的欢迎。

金大中在结束访日时说，本世纪（20世纪）发生的问题应在本世纪（20世纪）内了结，从而以崭新的关系迎接新世纪的到来。[②] 金大中政府对日政策的调整是在兼顾现实和长远利益基础上而做出的重大决断。面对严重的经济危机，金大中政府号召国民要“清算韩国20世纪遗留下来的问题，建立新制度和新秩序”，推行经济改革，实现“第二次建国”。《产经新闻》对金大中访日的意图评述说，金大中的日本之行并非专门为

① 《读卖新闻》2000年3月18日。

② 《人民日报》1998年10月13日。

寻求日本的道歉，而是为“追求实际利益”而来的。知日派的金大中深知日本人的厌韩情绪来源于韩国方面对历史的过分追究。如果日韩不对历史问题做出了结、不撇开历史问题，“不仅难以改善日本人对韩国的感情，也得不到日本的经济援助”①。

金大中调整对日政策的幅度较大，其对日韩关系的改善将产生积极影响。但也应看到，历史的成见在韩国国民心中已根深蒂固，加上双方在其他问题上还存在深刻矛盾，因而，未来两国关系的进一步发展不会是一帆风顺的。因此，金大中也认为，如何使《共同宣言》对于历史问题的认识成为两国国民的共识，仍是今后日韩关系所面临的课题。在金大中访日期间，日本少数国会议员反对在《共同宣言》中写入对战争问题反省道歉的内容。这说明，在某些日本人的头脑中，歪曲历史的右翼思潮仍是顽症。再说，历史认识问题并不能凭着政治家的协议或者一纸文字就能“了结”而贴上封条的。② 何况日语中的“owabi”（即表示歉意）和“syazai”（即表示谢罪）在内涵上有着天壤之别，这有可能成为日韩未来摩擦的另一根源。

正如有专家所预言的那样，进入21世纪的第一个年头，日韩关系急转直下，其起因就是“历史认识问题”。2001年4月，日本文部科学省对右翼团体“新编历史教科书编撰会”成员撰写的中学历史教科书（以下简称“新历史教科书”）检定合格。此举在韩国激起了极大的愤怒，韩国政府强烈谴责严重歪曲韩国历史的“新历史教科书”，舆论界也向韩国政府施加压力。韩国政府最终在5月8日向日本政府递交了要求重新修

---

① 《产经新闻》1998年10月9日。

② 日本明治大学教授海野福寿在一篇题为《“日韩联合宣言”与今后留下的历史认识鸿沟》的文章中指出：“针对联合宣言，据说内阁官房长官野中曾发表‘两国间历史认识问题至此了结’的谈话，这是不对的。因为，历史认识问题并不能凭着政治家的协议或者一纸文字就能‘了结’而贴上封条”。参见［新加坡］卓南生：《日本外交——卓南生日本时论文集》，北京：世界知识出版社2006年版，第344—345页。

改“新历史教科书”的备忘录，要求日本政府修改“新历史教科书”中的25项内容和已有的7种教科书中的10项内容。然而，日本政府却对韩国的强烈要求置之不理。甚至，日本的政界和舆论还反咬一口，说韩国政府的行为是“干涉内政”，并且这种责难的腔调越来越高。7月8日，韩国国会一致通过一项决议，敦促金大中政府对日采取更为强硬的措施，包括全面调整对日关系，停止对日文化交流；如果日本政府一意孤行拒绝修改其历史教科书，韩国政府应宣布1998年签署的《日韩共同宣言》无效；并提出“隐瞒、歪曲自己的侵略事实、不负历史责任的日本，没有资格成为国际社会的领导”，因此应阻止日本成为安理会常任理事国。韩国国会还呼吁政府以后不要再称日本国家元首为“天皇”。

其实，日本政府此前不仅按照合法程序对“新历史教科书”进行了“公正”审查，而且“新历史教科书”的撰写者们在审查过程中，还得到文部科学省的修改指示并补充了137项内容。① 但是，日本政府在合法保障思想自由的幌子下，不但仍坚持不能下达重新修改的指示，反而希望韩国最好对此事给予理解。可见，“新历史教科书”实际上反映了日本政府的历史观。

在“历史问题”的阴影下，日韩关系的发展严重受阻，首当其冲的便是双方的军事交流。2001年4月8日，韩国政府宣布暂停与日本的军事交流，国防部也宣布“无限期”推迟原定6月初在济州岛举行的日韩联合军事演习。同时，又相继取消韩国参谋长联席会议主席7月中旬的访日计划和日本海军两艘军舰9月停泊仁川港的计划。同年7月12日，韩国政府公布了停止开放日本大众文化的对抗措施，包括停止开放日本大众文化的进程，禁止销售日语歌曲唱片，暂停两国间学生、教师交流。韩国各地方政府和民间的对日交流窗口也纷纷暂停和推迟了对日交流活

① ［韩］郑在贞：《日本历史教科书问题与韩日关系展望》，《当代韩国》2001年秋季号，第59页。

动。为了抗议日本政府在历史问题上出尔反尔的恶劣行径，韩国政府还召回了驻日大使，两国关系出现了严重的倒退，1998 年金大中提议成立的日韩文化交流会议也被无限期推延。[①]

2001 年 4 月，小泉纯一郎上台执政，并于当年 8 月 13 日正式参拜靖国神社，从而把日韩关系进一步推向了历史问题摩擦的深渊。正是在这一背景下，10 月 15 日小泉对韩国进行工作访问。小泉此行的目的主要是为修复因日本历史认识问题而紧张的两国关系，以及协调东亚国家反恐立场。因此，小泉一下飞机，就直奔汉城市内的西大门独立公园，参观日本在殖民统治时期残酷镇压韩国独立运动人士的“西大门监狱”。这是日本首相首次访问“西大门监狱”遗址。小泉在纪念韩国 90 名爱国先烈的追悼碑前默哀后说，通过参观“看到了日本丑恶历史的一部分”，并对日本殖民统治给韩国国民造成的巨大损失和痛苦“表示真心反省和道歉”。两国也把小泉此行看成是改善日韩关系的积极举动。在双方首脑会谈中，两国政府决定由两国专家、学者组成“日韩历史共同委员会”，旨在加深对历史的理解。此项决定表明，日韩在解决历史问题的技术操作上已经初步达成共识。

但是，小泉在韩国西大门的反省和道歉并未获得韩国的全部信任。金大中总统在与小泉的会谈中，要求小泉首相的这一反省和道歉“今后应该成为具体的实践”。小泉对韩国的此次访问实际只用了六个小时，其中一半的时间是与金大中的会谈和午宴。而就在小泉访问之际，许多韩国社会团体举行集会和示威，要求小泉在历史问题上“拿出实际行动来赔礼道歉”。在野的韩国大国家党当天发表评论说，小泉的此次访问“玩弄文字游戏”“毫无成果可言”。舆论也认为，小泉访问韩国并没有完全修复日韩关系。

---

① 金熙德：《21 世纪初的日本政治与外交》，北京：世界知识出版社 2006 年版，第 312 页。

2002 年 6 月，日韩共同举办世界杯足球赛，这不仅是世界杯历史上的首创，对于改善两国关系来说也是千载难逢的机会，是双方由文化、体育合作迈向政治合作的一个重要契机。为此，两国政府都给予高度重视，表示不仅要比赛成功，还要借此机会推动两国关系的积极发展。对日韩两国来讲，它不仅是一场体育盛事，两国政府还充分利用共同主办的机会开展当局间的接触和各种民间交流活动，使两国关系得到明显的改善。两国政府早已把 2002 年确定为“日韩文化交流年”，并安排了众多纪念活动。之前，2002 年 4 月小泉突然参拜靖国神社，导致日韩关系一度降温。为了日韩关系迅速恢复和发展，在世界杯开幕期间两国政府刻意安排日本天皇的弟弟高元宫夫妇访问韩国、小泉首相前往汉城观看开幕式以及金大中总统访日并参加世界杯闭幕式等，展开积极的“足球外交”。在金大中访日期间，双方决定尽早启动关于两国缔结自由贸易协定的谈判。同时，金大中表示将考虑在国内进一步开放引进日本流行文化，而小泉则表示日方愿通过协商最终免除韩国人入境签证。双方认为，本次共同举办世界杯是 21 世纪日韩关系中具有纪念碑意义的事件，其最大的成果是日韩两国增进了友好睦邻。① 金大中执政的五年里，日韩关系取得了不少进展，但仍然存在不少问题。可以说，进展与矛盾并存，日韩两国需要合作，也需要越过历史积怨等影响合作的障碍。

卢武铉就任总统后，将“和平繁荣的东北亚时代”作为三大施政目标之一，并将韩国“建设东北亚经济中心国家”设定为十二大国家课题之一。在对外政策上，将“做东北亚的均衡者”作为战略目标，并推行了务实均衡的外交政策。2003 年 6 月 6 日，上任刚过百天的卢武铉总统对日本进行了为期四天的正式访问，这是他继美国之行后的第二次出访，显示了日本在韩国外交战略中的重要地位。卢武铉此次访日，最根本的

① 管克江：《日韩开展足球外交》，人民网，2002 年 7 月 2 日，http://www.people.com.cn/GB/guoji/24/20020702/766514.html。

目的是推动日韩两国建立新型的伙伴关系。在访日的主要行程中，卢武铉突出强调日韩两国建立新型合作伙伴关系的重要性和必要性，得到日方的回应和共鸣。两国领导人将今后的日韩关系定位为旨在建立和平与繁荣的东北亚时代的伙伴关系。双方同意在政治、经济、社会和文化等各个领域加强合作与交流。《日韩首脑共同声明》显示，日韩两国超越了政治上的障碍，为今后日韩关系的发展确定了新的基调。①

2004 年 7 月，日本首相小泉纯一郎对韩国进行了为期两天的访问，两国领导人在会谈中讨论的议题主要包括：日韩在和平解决朝鲜核问题上加强合作，通过改善韩朝关系和实现日朝关系正常化以实现朝鲜半岛和东北亚的和平与稳定；日韩签订自由贸易协定谈判以及向伊拉克临时政府提供援助等。通过谈判，在以下几个方面达成了共识：一是在朝核问题上，日韩首脑表示要继续以美国为主导，加强与美国协调对朝政策；二是确立两国首脑不定期会晤机制，至少保证每年实现互访一次，就地区和国际重大问题进行磋商；三是双方一致认为日韩签署自由贸易协定，不仅密切两国关系，而且对扩大东北亚经济合作具有重要意义，双方同意加快进行自由贸易协定谈判，争取在 2005 年缔结协定；四是扩大日韩文化交流，以增进彼此理解。②

值得注意的是，在此次首脑会谈中卢武铉表示："在本政府任期内不从政府角度提及历史问题。"③ 但余音未消，在国内引起轩然大波，韩国媒体以"屈辱外交"等措辞对卢武铉进行谴责。在强大的舆论批判下，卢武铉立即改变口吻，敦促小泉妥善处理"历史问题"，并且希望小泉在其任期内解决日本与东北亚各国之间的"历史问题"。

① 张锦芳：《综述：卢武铉推行对日务实外交》，新华社汉城 2003 年 6 月 8 日电。

② 赵传君主编：《东北亚三大关系研究——经贸·政治·安全》，北京：社会科学文献出版社 2006 年版，第 123 页。

③ ［韩］姜宅九：《"静观政策"未能使日本改变对韩恶意》，《世界知识》2005 年第 11 期，第 32 页。

2004 年 12 月，卢武铉再次访问日本。为了给日韩关系加温，日本特意请因出演电视剧《冬季恋歌》而风靡日本的韩国影星裴勇俊到鹿儿岛指宿市为峰会捧场。而此前 7 月份小泉访韩时，裴勇俊还拒绝同小泉见面。裴勇俊的这一转变恰恰反映了日韩关系的不断升温。另外，为了表示亲近，小泉还邀请卢武铉一起身着浴衣进行“沙蒸浴”。卢武铉以身着浴衣出现在媒体面前有失体统为由，拒绝了小泉的邀请。鉴于 7 月份小泉访韩时因不提历史问题的态度而遭到媒体的猛烈批判，卢武铉在这次峰会上又谈到了历史问题。他谈到小泉参拜靖国神社时说，“希望日本自己能判断”。虽然很委婉，但日本方面仍旧感到非常尴尬。在对朝制裁问题上，卢武铉警告日本，不要轻易地挥动制裁大棒，否则后果严重，从而牵制了日本的过激行动。12 月 18 日，日本议员联盟代表团访问韩国，与韩国国会议员召开讨论会，会议的主题是“探讨日韩成为亚洲的新核心”。

2005 年恰逢日韩建交 40 周年，为了使双方关系能获得进一步发展的契机，日韩确定把 2005 年定为“日韩友好年”，并安排了一系列的双边交流活动。韩国准备加大年轻政治家与普通民众对日交流与对话，日本计划在 2005 年 3—9 月举办“爱知世博会”期间，对韩国国民实施入境免签证，并以此为基础对韩国人实行永久免签。

然而，突然发生的事件使日韩关系急转直下。这场危机的导火索是“独岛”（日本称“竹岛”）领土争端的爆发。3 月 16 日，日本岛根县议会不顾韩国方面的强烈抗议强行通过“竹岛之日”条例。翌日，韩国政府发表声明将日本的“竹岛之日”条例案看作“第二次侵略”，并向日本政府提出严正交涉。对此，日本方面不但不采取措施扭转对立的局面，政府高官还不断声称“竹岛是日本领土”。4 月 5 日，日本文部科学省召开记者招待会，公布了下一年度春季开始使用的新教科书检定结果，并宣称日本对“竹岛”拥有主权。自“独岛”（“竹岛”）领土争端爆发以来，两国关系急剧恶化，靖国神社问题、教科书问题、“慰安妇问题”等历史问题，与日本谋求加入联合国常任理事国、朝核问题等现实问题，错综交织，使日韩关系陷入建交40年来的最低点。在这种背景下，4月和7月，日韩在有争议岛屿及其周边海域进行捕鱼和勘测问题上出现了两次剑拔弩张的紧张局面，甚至发生了日本巡逻艇追捕韩国渔船而两国警备艇对峙的严重事件。

面对日本咄咄逼人的进攻态势，韩国政府做出强硬回应。2005年3月23日，韩国总统卢武铉发表了《有关韩日关系告全国国民书》，呼吁国民要不惜经济代价准备同日本打一场“持久战”。他说，这场纷争“还会导致两国经济、社会以及文化交流等各方面的倒退，我们也要做好在经济上蒙受损失的准备”①。8月26日，韩国外交通商部解密了日韩建交时的156份共3.5万页以上的政府文件，目的是为了揭露在《日韩基本关系条约》中有关“慰安妇”等当时谈判没有涉及的罪行问题，以便日后追究日本的“法律责任”。公布这些文件的当天，韩国政府官员在记者招待会上表示，在“慰安妇问题”上“日本依然负有法律责任”。这是韩国政府首次明确表示日本依然负有对韩赔偿责任。对此，日本外务省当天回应道，日韩之间的索赔问题“已完全并最终得到解决”。② 同年10月，韩国宣布冻结两国首脑的“穿梭互访”，对日和解政策出现全面倒退。日方把韩国对日外交的变化归咎为卢武铉“以独岛为材料煽动民族主义”。③ 与此同时，两国民间关系也持续降温，据2006年8月的调查，有89%的韩国人表示“不信任日本”。

2006年4月25日，卢武铉总统再次就日韩关系发表“特别讲话”，

---

① 《韩总统卢武铉就有关韩日关系告全国国民书》，中国经济网，2005年3月24日，http://www.ce.cn/xwzx/gjss/gdxw/200503/24/t20050324_3417221.shtml。

② 金熙德：《21世纪的日本政治与外交》，北京：世界知识出版社2006年版，第312页。

③ 《日本报告受到攻击，首尔发表强硬言论》，［韩］《中央日报》2006年4月6日。

卢武铉指出，“对于韩国国民来说，独岛是韩国完全恢复主权的象征。独岛问题与日本领导人参拜靖国神社和用教科书歪曲历史一样，是考验日本对历史的认识及其对日韩关系的未来以及东亚和平是否有诚意的试金石……任何经济利益和文化交流都无法逾越这堵墙”。他说，“独岛问题不仅仅是一个小岛的主权问题，而是象征着清算对日关系中的错误历史和完全确立国家主权的问题，是应该公开、堂堂正正地进行应对的问题”。面对可能出现的武力挑衅行为，他说“我们将强硬、坚决地予以应对”，并宣布：动员一切国家力量和外交资源“守护独岛领有权”。至于日本领导人的道歉问题，他“正告日本国民及其领导人：我们不会再要求日本做出新的道歉，我们要求日本拿出实际行动”。[①] 其间，日本出动海上保安厅的巡逻艇在两国争议海域驱逐韩国调查船，韩国军方则计划建立战略机动舰队，应对可能发生的海上冲突，双方都采取互不妥协的立场。不仅如此，韩国还针对小泉政府大肆渲染的“入常”外交，提出日本“获得邻国的信赖是在联合国作为领导国家受到尊敬的第一步”，声称韩国将要求联合国人权委员会等国际组织追究日本“反人道的非法行为的法律责任”[②]，这对于寻求韩国支持、希望“入常”的日本来说无异于当头一棒。

2006 年 10 月，日本新首相安倍晋三访问韩国与卢武铉会谈，双方同意共同为构筑“面向未来的友好关系而努力”。安倍提出朝核、绑架、加速日韩自贸区（FTA）谈判、专属经济水域划界谈判和管理渔业资源问题；卢武铉则提出靖国神社、历史教科书、随军慰安妇及独岛问题。[③] 但是，双方未能达成一致意见。此后，两国不但没有恢复首脑“穿梭互

① 《卢武铉总统就韩日关系发表特别讲话》，《当代韩国》2006 年夏季号，第 2 页。

② ［日］《对日外交方针》，www. bekkoame. ne. jp；［韩］《卢武铉总统电视讲话》，http：//www. hanguo. net. cn；「韓国、竹島基点の主張、日韓 EEZ 交渉」、「朝日新聞」、2006 年 6 月 13 日。

③ 『安倍内閣総理大臣の韓国訪問（概要）』、2006 年 10 月 9 日、http：//www. mofa. go. jp/。

访”，反而继续在领土和历史问题上不断发生摩擦。

可见，“历史问题”和领土问题依然是横亘在日韩之间的最大障碍。事实上，自金大中政权以来，韩国在历史问题上不断向日本做出让步，放弃与日本纠缠，克制做出极端反应，推行对日关系的“新思维”。然而，日本并没如韩国所愿地投桃报李，相反却经常在历史问题上进一步退两步。[①]

三、李明博执政时期日韩军事关系的提升

李明博上台后，大幅调整卢武铉政府的对日外交方针，两国关系急剧升温。如前所述，李明博当选的当天就分别会见了日美两国的驻韩大使，承诺要加强与美国的同盟关系以及恢复日韩关系。在组建新政府时，李明博就选用大量的“知日派”人士[②]，并立即顺访日本。2008 年 4 月，李明博访问日本并与福田康夫举行会谈，双方在会谈后的联合公报中提到，同意把双边关系提升为“成熟的伙伴关系”，开启日韩关系“新时代”。李明博说，他和福田康夫首相决心建立“牢固的双边关系”，“就像能不为强风所动摇的深深扎根的大树一样”。李明博此访成为日韩领导人恢复“穿梭外交”的标志。此后，双方关系不断升温，李明博总统利用各种机会不断向日方释放善意，甚至将朝鲜绑架日本人问题列为对朝交涉的“最优先的课题”之一，得到日本的极大认同。[③] 韩国驻日使馆甚至在 2008 年 4 月一度删除其网站中关于独岛历史和地理位置的表述。

然而，在日韩历史问题上采取宽容姿态的李明博，却不得不面对日

① 王珊：《日本对韩外交及日韩关系》，《现代国际关系》2004 年第 8 期，第 8 页。

② 新任总理韩升洙曾在东京大学担任过研究员，新任外交通商部长官柳明桓则是前任驻日大使，新的总统府发言人李东官则也曾是韩国《东亚日报》驻东京特派记者。

③ 「拉致は最優先課題、韓国大統領」、「産経新聞」、2008 年 3 月 26 日。

本政府不顾韩方一再交涉而坚持在文部科学省制定的《初中社会科教科书新指导纲要解说书》内将独（竹）岛表述为日本领土的问题。韩国媒体纷纷谴责日本“挑衅”和“背叛”。① 韩国政府向日本提出强烈抗议并召回驻日大使权哲贤，李明博的对日“现实主义外交”遭受重创。不仅如此，2008 年版的日本《防卫白皮书》，增加了日本“固有领土——竹岛的领土问题仍未解决”② 的内容。对此，韩国国防部、外交通商部召见日本驻首尔大使馆武官和公使表示强烈抗议，并且要求日本加以纠正。③ 2008 年 9 月，韩国《中央日报》的民调结果表明，认为日本是“最讨厌的国家”的韩国民众从 2007 年的 38%增至 57%。④

日韩领土争议直到 2008 年年底仍不休兵，12 月 28 日，韩国再次强烈抗议日本政府计划通过外交使团向各国散发用 10 种语言出版的宣称日本拥有“竹岛主权”的小册子《理解竹岛问题的十大重点》，而韩国政府也用 10 种语言出版并散发了阐述本国立场的手册《独岛的真相》，日韩围绕领土争端的国际舆论战方兴未艾。

尽管李明博执政以来双方仍围绕历史问题和领土问题进行过激烈的较量，但是两国关系却“冻而不僵”“斗而不破”，体现了两国处理棘手问题的外交智慧。2010 年 8 月 10 日，日本首相菅直人不顾党内外的反对⑤，就《日韩合并条约》签署 100 周年发表首相谈话，就日本过去对韩国实行的殖民统治表示反省和道歉，并表示日本政府将就历史遗留问题诚实提供人道合作，尽早归还“朝鲜王朝仪轨”等文物。尽管韩国民间

① 「竹島問題、韓国紙一斉に批判，韓国外交の責任も指摘」、「産経新聞」、2008 年 7 月 15 日。

② 日本防衛省、「平成 20 年版日本の防衛（防衛白書）」、第 3ページ。

③ 「竹島問題：韓国、防衛白書記述で日本に抗議」、「毎日新聞」、2008 年 9 月 6 日。

④ 「嫌いな国、日本が急増」、「産経新聞」、2008 年 9 月 22 日。

⑤ “菅直人谈话”出台并不顺利，即使民主党内部也有反对声音，质问“道歉何时到头”，认为“不合时宜”，是“自虐性思维”“重复道歉外交”等。自民党总裁谷垣祯一在与内阁官房长官仙谷由人通话中表示，战后赔偿问题在 1965 年的《日韩请求权协定》中已经解决。

认为，日本首相的道歉缺乏诚意，没有提到对受害者进行赔偿的内容，但是，日本能够选择这个时机发表讲话，可以说释放了一定的善意。

2011年10月19日，李明博总统会见了到访的日本新任首相野田佳彦，双方就发展面向未来的日韩关系、加强经济合作等问题达成共识。当天，野田向李明博移交日方在殖民统治时期掳走的五卷古书，呼吁两国发展“以未来为导向”的双边关系。

值得一提的是，这一时期日韩之间的军事交流日益密切。尤其是，“天安舰事件”和“延坪岛事件”发生以后，朝鲜半岛局势持续紧张，美日、美韩间频频举行各种形式的军事演习，为美日韩三角关系的进一步强化提供了一个新的契机。2010年12月6日举行的华盛顿会晤中，美日韩三国外长一致认为朝鲜的“挑战和好战行为”对三国形成威胁，并表示将毫不犹豫地团结应对，公开表示要将三国防卫合作提升至战略水平，并希望今后日本能够参加美韩联合军事演习，这也在客观上推动了日韩两国之间在战略上的逐步靠拢和军事上的日渐接近。

进入2011年之后，美日韩加强三边合作的势头依然不减，日韩之间的军事交流与合作更是紧锣密鼓地展开。1月3日，日本外相前原诚司在接受韩国《每日经济新闻》的专访时表示，今年日本外交的最大课题是与邻国切实建立起安全机制。此举被认为是向韩国政府发出的“建立军事同盟关系”的强烈信号。尽管日本外务省旋即予以否认，但接下来的事态足以证明，这一爆料并非空穴来风。1月10日，日本防卫大臣北泽俊美在首尔与韩国国防部长官金宽镇举行会谈并访问了板门店。双方一致同意强化彼此间的安全和防务合作，并决定今后每年交替主办国防部长级和副部长级会谈。双方还就启动签署《物资劳务相互提供协定》（ACSA）的谈判进程以及开始在事务层级磋商签署《军事情报保护协定》（GSOMIA）达成一致。前者以日本自卫队与韩国军队互相提供军需物资和劳务为主要内容，后者则以双方在军事安全防卫领域的情报互换及保密为主要内容，均带有浓厚的军事合作色彩。根据日本媒体的说法，这两个协定将成为 2011 年李明博访日时双方首脑发表的新联合宣言的具体内容，而该宣言的主旨就是要进一步加强两国在安全保障和防御领域的合作。① 7 月，日本自卫队首次派出四名军官全程观摩了美韩联合军事演习。两艘日本军舰还受邀参与了 10 月在韩国釜山举行的假想朝鲜核材料外运的防扩散安全倡议（PSI）海上拦截演练，而韩国军队也首次派遣观察员参加了 12 月举行的美日两国历史上最大规模的联合军事演习。另外，与韩国在其《国防白皮书》中重新将朝鲜政权和军队称为“敌人”相对应，日本也在其《防卫白皮书》中明确提出要强化与韩国的合作关系以应对朝鲜的“军事挑衅”。可见，原本相对薄弱的日韩军事合作出现了大有趁机强化之势，以至国际舆论纷纷做出日韩间或将建立实质性“同盟”关系的大胆预测。

四、“慰安妇问题”与日韩关系

2012 年 12 月，安倍晋三第二次上台，翌年 2 月朴槿惠就任韩国总统。在此之前，两国关系因前任总统李明博登上独（竹）岛（2012 年 8 月 10 日）而急剧恶化。加之，安倍上台后，在历史问题上频繁制造事端，使得两国关系雪上加霜。

“慰安妇问题”一直是日韩历史争端的焦点议题，在历次日韩首脑会谈中都成为被重点提及的“历史悬案”。正因为如此，“慰安妇问题”成为改善日韩关系的突破口。早在 1993 年 8 月，时任内阁官房长官河野洋

① 由于 2011 年 8 月发生的“郁陵岛之争”［8 月 1 日，3 名日本自民党议员欲访韩国郁陵岛“窥探敌情”，被韩方拒绝入境并于当日遣返东京。2 日，日本 2011 版《防卫白皮书》连续第七年主张对“竹岛”（韩国称“独岛”）拥有主权。围绕这两起事端，日韩政府相互召见对方使馆高官表示抗议，双边关系又一次陷入低谷］，酝酿已久的李明博总统访日计划直至其卸任也未能实现。

平发表谈话，针对第二次世界大战期间日军强征韩国妇女充当慰安妇表示由衷的反省和道歉。由于“河野谈话”未经内阁会议通过就发表，在日本国内一直受到质疑。日本政府此前一直坚持主张“慰安妇问题已经在1965年《日韩请求权协定》中得到解决”。2012年8月，时任首相野田佳彦以日韩建交协议已解决“慰安妇问题”为借口敷衍塞责。安倍第二次组阁后，其立场更加倒退，不仅拒绝建立“慰安妇问题”磋商机制，而且试图否定“河野谈话”，引起韩国强烈不满。

2013年4月末，安倍政府副首相麻生太郎等三名阁僚成员及168名国会议员先后集体参拜靖国神社，安倍以“内阁总理大臣”的名义供奉祭品。4月22日，安倍在国会公开表明“不会原原本本继承‘村山谈话’”的立场。对于安倍内阁公然右倾化的行径，韩国外交部表示强烈谴责，并指出在历史问题上“绝不可以混淆是非”。9月26日，日本外相岸田文雄与韩国外长尹炳世在纽约举行了会谈。双方同意为改善两国关系继续保持沟通，但是未能就两国首脑在10月印度尼西亚巴厘岛的亚太经合组织会议（APEC）上举行会谈一事达成协议。12月26日，安倍首相公然参拜靖国神社，日韩关系再次陷入低谷。12月31日，韩国国会一致通过了谴责日本首相安倍参拜靖国神社的决议案，指出“安倍参拜靖国神社的行为是对日韩关系和东北亚和平的挑衅”。韩国外交部紧急召见日本驻韩国大使表示严重抗议和谴责，朴槿惠总统还发表谈话强烈批判日本“有悖于国际社会普遍价值、标准及人类良心的行为”，希望日方在“新的一年不要撕裂历史的伤痕，导致国家之间互信遭到破坏，使国民感情恶化”的行为。

日韩关系不断恶化，引起了美国的高度关注。美国担心日韩关系恶化下去，将使韩国倒向中国一边。为此，美国频繁“劝和”日韩两国。2014年2月13日，美国国务卿克里在与韩国外长尹炳世的联合记者会上，呼吁日韩双方搁置历史争议，寻求双方都能接受的处理办法，面向未来，加强双边和多边合作。3 月 6 日，奥巴马总统与安倍首相通话，提出了举行美日韩三边峰会的方案。

其实，韩国政府亦没有完全关闭对话大门。2014 年 1 月 6 日，朴槿惠在记者会上说，“迄今为止我从未宣布过不举行日韩首脑会谈”。即便是在安倍“拜鬼”的严重事态之后，韩国仍未放弃促成日韩首脑会谈的努力。韩国采取“政经分离”的对日外交政策，对日本右倾化以“双轨战略”进行应对，即在历史问题和领土争端上进行坚决应对的同时，努力保持外交接触、推进经济合作和民间交流。①

在对待安倍政府历史认识问题上，中国和韩国都采取了共同立场，即安倍政府如果不对历史问题和不参拜靖国神社做出承诺，均不与安倍举行会谈。为了撕开日益密切的中韩关系，日本刻意玩弄“拉韩抑中”策略，试图向韩国打“中国牌”。3 月 12 日，安倍首相派外务省事务次官斋木昭隆去韩国，就首脑会谈事宜进行磋商。3 月 14 日，安倍在日本参议院预算委员会上表示“无意修改河野谈话”，将整体继承包括“村山谈话”在内的历届日本政府立场。与此同时，日本政府一再强调“日本方面对话的大门永远敞开，希望从大局出发，为了构建与韩国的合作关系而做积极配合”。日本之所以转变态度，这一方面是囿于美国的劝和促谈攻势，另一方面是为了瓦解中韩在历史问题上形成统一战线。② 对于安倍发出的“善意”，朴槿惠总统也发表声明称“值得庆幸”。

2014 年 3 月 25 日，在奥巴马的撮合下，美日韩首脑会谈在荷兰海牙举行。此次日韩首脑会谈是 2012 年 5 月野田首相和李明博总统在北京举行首脑会谈以来时隔 1 年 10 个月后举行的，也是安倍首相和朴槿惠总统上任以来的首次会谈，三国就朝鲜核问题和防止核扩散这一主题进行了会谈。由于此次会晤并不是日韩之间的单独首脑会谈，而是在美国的呼

① 曹世功：《韩日关系“深度恶化”及其“转圜困局”》，国际网，2014 年 1 月 24 日。

② 孙茹：《美日韩合作能走多远》，《世界知识》2014 年第 8 期，第 30 页。

吁下借助核安全峰会并以美日韩三国首脑会谈的形式实现的，因此日韩双方未能就两国间敏感的历史问题、慰安妇问题以及领土争端问题进行深入探讨，更难以消除彼此间的隔阂和不信任。而在同一个首脑会议的现场，朴槿惠总统却与中国国家主席习近平举行了双边首脑会谈，这更加凸显了当时日韩关系的胶着状态。

2014 年 7 月，朴槿惠总统在青瓦台会见日本东京都知事舛添要一，这是朴槿惠总统就任以来首次在韩国与日本政治家进行会晤。朴槿惠要求日本从普遍的人权高度，以诚挚的态度去解决慰安妇问题。8 月，日本外相岸田文雄与韩国外长尹炳世时隔 10 个月在召开东盟（ASEAN）外长会议的缅甸首都内比都举行了会谈。韩方对日本首相参拜靖国神社，以及对关系到慰安妇问题的河野谈话进行重新查证等提出了严正交涉，指出日本的这些行为“严重损害了两国关系”，并敦促日本的政治领导人要“充分发挥智慧和政治能力”。9 月 25 日，两国外长在联合国总部再次举行会谈，就继续展开日韩首脑会谈事宜初步达成共识。接着 10 月 24 日，朴槿惠总统在青瓦台接见日韩议员联盟日方总干事额贺福志郎一行，指出慰安妇问题是日韩关系中具有象征性的事宜，要求日方停止给受害者和韩国国民带去伤痛的言行。与此同时，朴槿惠总统特别强调“明年是日韩恢复正常邦交 50 周年，此时此刻我们需要为新的日韩关系付出努力”，表达了改善日韩关系的强烈意愿。①

2015 年既是日本战败 70 周年，也是日韩邦交正常化 50 周年。在这一具有象征意义的特殊的节点和关键性年份，日韩双方都希望尽快举行双边首脑会谈以结束持续三年的“冷战”局面。新年伊始（1 月 14 日），由韩国执政党新国家党议员徐清源率领的日韩议员联盟超党派代表团访问日本，并向安倍首相转达了朴槿惠总统的口信。2 月 12 日，安倍在国

① 《朴槿惠会晤日韩议员联盟代表 吁恢复慰安妇名誉》，新华网，2014 年 10 月 24 日，http：//www.xbsb.com.cn/xbsbnews/news/jnews/2014-10-24/957671.html。

会的施政演说中称“要为改善（日韩）关系不断进行对话。对话的大门始终是敞开的”①。外相岸田文雄也表示，“在确保本地区的和平与繁荣方面具有共同利益的韩国是日本最重要的邻国，日本理应加强与韩国的关系。今后，希望在各个层面继续积极推进沟通，从大局出发，通过双方的共同努力，配合邦交正常化 50 周年，构筑面向未来的多层次合作关系”②。与此同时，朴槿惠总统也表示将在对日问题上实施“双轨”外交，在坚决应对“慰安妇”道歉和赔偿等历史遗留问题的同时，在经济、安全等领域加强日韩关系。在这种背景下，5 月下旬日韩先后重启了财长对话和防长对话。值得一提的是，在 5 月底新加坡香格里拉举行的日韩防长会晤中，双方商定日本在朝鲜半岛行使集体自卫权需事先征得韩国同意，并决定进一步加强两国在安全领域的合作。7 月和 9 月，日本“新安保法案”先后在众议院和参议院通过。韩国一方面认为该法案在应对朝鲜的核武和导弹挑衅方面，将会提升美日韩三国的情报和战略机制。但是，另一方面则担心东北亚地区出现新的冷战格局，会使韩国的外交立场变得更为困难。

2015 年 6 月 22 日是《日韩基本条约》签署 50 周年纪念日，安倍首相和朴槿惠总统分别出席了在东京和首尔举行的日韩邦交正常化 50 周年纪念活动并致辞，表达了改善两国关系的强烈意志。8 月 28 日，安倍首相和朴槿惠总统进行了电话会谈，高度评价了日韩外长会谈所取得的共识。③ 9 月，日本外务省对两国关系进行了重新评估和系统的整理，提出

---

① 「第百八十九回国会における安倍内閣総理大臣施政方針演説」、2015 年 2 月 12 日、http：//www. kantei. go. jp/jp/97_abc/statement2/20150212siseihousin. html。

② 「第百八十九回国会における岸田外務大臣の外交演説」、2015 年 2 月 12 日、http：//www. mofa. go. jp/mofa/fp/pp/page22_001804. html。

③ 为了参加日韩邦交正常化 50 周年纪念活动，2015 年 6 月 21 日韩国外长尹炳世访问日本并与日本外相岸田文雄举行会谈。此次访日是 2013 年 2 月尹炳世就任以来的首次，因此外界普遍认为这是日韩两国关系由冰点转暖的信号。

“即使有时会出现难题”，也应“围绕政治、经济与文化等各个领域推进合作”。[①] 在建交50周年这样一个特殊年份里，日韩双方都想举办一场双边首脑会谈来根本改善两国关系。在朴槿惠总统看来，日韩可以举行首脑会谈，但是双方“要在慰安妇一事上取得进展，会面才有意义”[②]。可见，“慰安妇问题”一直是影响日韩关系的主要症结和关键障碍。

2015年11月2日，正在首尔出席中日韩三国首脑峰会的安倍首相与朴槿惠总统会晤，这是两国自2012年5月以来，时隔三年再次重启首脑会谈，也是两国首脑各自上任以来的首次正式会晤。双方同意就尽早解决最迫切、最尖锐的“慰安妇问题”加快谈判进程。以此次首脑会谈为契机，日韩关系迎来了新的改善机遇，双方于11月11日、12月15日和27日连续举行三次局长级会议。12月28日，日韩两国外长就“慰安妇问题”举行会谈并最终达成协议。协议的内容主要有三方面。第一，在慰安妇问题的性质和官方立场上，日方承认该问题是“在当时军方参与下对大量女性的名誉和尊严带来深重伤害的问题”，日本政府对此“痛感责任”，安倍以内阁总理大臣身份表达“由衷的谢罪和反省之意”。第二，作为补偿措施，日本承诺以政府预算出资约10亿日元，供韩国政府建立“支援”财团，由两国政府合作“恢复前慰安妇的名誉和尊严并治愈其心灵伤痛”。第三，在协议的效力范围上，双方确认慰安妇问题将通过协议的履行得到“最终和不可逆的解决”，并承诺今后在联合国等国际场合保持克制，避免就该问题进行相互指责。[③]

2016年7月28日，“和解·治愈财团”正式成立，困扰日韩关系半

① 外務省北東アジア課：「最近の日韓関係」、2015年9月、第3页。

② 雷旋：《朴槿惠：慰安妇问题有进展 会晤安倍才有意义》，BBC中文网，2015年10月16日，http://www.bbc.com/zhongwen/simp/world/2015/10/151016_skorea_president_park_geun-hye_us。

③ 外務省：「日韓外相会談」、2015年12月28日。http://www.mofa.go.jp/mofaj/a_o/na/kr/page4_001667.html。

个世纪之久的“慰安妇问题”得以“最终的、不可逆的解决”，为日韩关系的迅速改善和发展扫清了关键障碍。日本政府曾担心舆论反对，原本以撤除少女像作为认缴资金交换条件，但在朝鲜的核试验以及弹道导弹发射之后，亟须借助迅速的认缴加快促进日韩关系的发展。尽管协议在短期内可能会激起韩国慰安妇受害者和民间的强烈反弹①，但政府间的协议被“逆转”的可能性却微乎其微。

“慰安妇问题”得到解决后，日韩关系呈现出快速发展的势头。首先，在两国关系中最为敏感的军事安全领域取得了突破性的进展。9月18日，日本外相岸田文雄与韩国外交部长尹炳世在美国纽约举行会谈。鉴于“朝鲜威胁”日益增大，双方确认了缔结有关共享安全领域情报的《军事情报保护协定》的重要性。② 其次，民间交流再掀高潮，政府刻意推高的意味明显。9月24日，“日韩交流节”在东京日比谷公园开幕。本届交流节的口号是“共同创造新的50年”。日本外务副大臣岸信夫在开幕式上致辞，称“两国关系正在向前发展”。日本前首相福田康夫、日韩议员联盟会长、前财务相额贺福志郎和韩国日韩议员联盟会长徐清源也出席了开幕式。10月2日，“日韩交流节2016 in Seoul”在首尔举行。韩国外交部长尹炳世也到场出席，就日韩关系称，“以去年邦交正常化50周年为契机，在‘直面过去并展望未来’的共识下，许多领域出现了迈向两国关系改善的积极动向”。韩国文化体育部长官赵允旋在致辞中称，“我是看着村上春树的小说和（日本少女漫画）《小甜甜》《凡尔赛玫瑰》

① 2016年9月19日，韩国“和解·治愈财团”提出希望以日本首相安倍晋三的名义向受害者女性发出“道歉信”的要求。随后的9月29日，韩国外交部发言人在例行记者会上表示“期待日方采取能使受害者的心灵创伤得到抚慰的措施”。这是韩国政府官员首次在公开场合要求日本采取“进一步措施”。

② 在美国的积极推动下，日韩两国曾于2012年6月29日签署双边《军事情报保护协定》。但在当天下午，韩国外交通商部紧急宣布，鉴于国内原因，协定的签署仪式将推迟，具体日期将由政府与国会商议后决定。随后，协议签署一事便不了了之。

长大的”。她还提到了日韩合作迎接2018年韩国平昌冬奥会和2020年东京奥运会，表示“拥有优秀文化内容的两国齐心协力，就能够事半功倍”。[①] 通过“日韩交流节”活动，可以窥见，慰安妇问题“最终解决”后日韩两国关系正在逐步得到改善和发展。

日韩关系的改善，一方面得益于美国的斡旋与推波助澜，另一方面则与朝鲜的核·导弹挑衅有着密切的关系。2016年7月以来，韩国不顾中国的强烈反对，决定部署“萨德”（THAAD）系统，安全上向美国“一边倒”的倾向日趋明显。此外，韩国还在考虑加入美国倡导的《跨太平洋伙伴关系协定》（TPP），而该协定恰恰是旨在排除中国的排他性协定。同期，韩国与日本签订《军事情报保护协定》（GSOMIA）几成定局，韩国正在陷入安倍力主的所谓“价值观外交”的圈子里。由于韩国的“变心”，导致中韩关系急剧恶化，陷入了自建交以来最困难的局面。而这种局面正是日本所乐见的。

五、对日韩关系发展的展望

日韩关系总体上仍然是“剪不断，理还乱”，“慰安妇问题”的解决并非意味着日韩历史问题彻底了结。近年来，日本刻意制造“韩国已不再提历史问题”“日韩历史问题已经了结”的舆论。然而，周而复始的“教科书事件”、日本阁僚参拜靖国神社事件、日本政要不时发表美化侵略历史的“妄言”，严重伤害了韩国国民的感情。尤其是在领土问题上的正面挑战行为，给日韩关系蒙上了浓重的阴影。领土问题是任何主权国家之间最核心、最敏感、最重要的问题，日韩之间的相互提防也因此有增无减。日本军方认为，韩国军事实力正在不断增强，一旦朝鲜半岛局

① 共同社首尔2016年10月2日电。

势稳定，韩国军队的作战半径就可以延伸到中国海域，甚至东南亚重要海域，从而“直接威胁日本的安全”。[①] 而日本成为军事大国的潜在威胁不断困扰着韩国，更何况还有历史积怨的作祟，使得这种疑惧很难消除。因此，韩国的战略家们认为，从长远看，日本将是朝鲜半岛安全的主要威胁。[②]

但是，由于两国同属于美日韩“三边两同盟”框架内，且有美国这一“感情纽带”居中调解，两国出于各自的战略利益考虑不致真的反目成仇并引发根本性的冲突。首先，美国不愿看到日韩关系全面崩溃，这不符合美国在东亚的安全战略利益。美国重返亚太的战略主要是出于遏制中国急剧上升的影响力，它对于这几年韩国逐渐靠拢中国很是不安，同时担心日韩冲突破坏美日韩三方军事合作。正如日本著名国际问题专家猪口孝指出，只要美国继续保持对东亚安全保障的干预，日韩两国就将在美国安全保护伞下继续维持其“准同盟关系”。[③] 其次，日本刺激韩国的做法不会无限度地延伸下去，这不符合日本在东亚的地缘政治利益。最后，日本和韩国有着共同的“宿敌”。日本将韩国作为抵御“朝鲜威胁”的“缓冲地带”；韩国则把日本作为牵制“朝鲜南侵”的重要力量。[④]

对于韩国来讲，维持韩美同盟和美日韩三国协调体制仍是目前最能保证其国家安全的唯一选择。而在日本东北亚安全战略当中，韩国一直被视为“准同盟”。日本前防卫厅长官石破茂曾表示“应将韩国视作同盟

① 邱永峥：《热点分析：韩日军事交流原本就走不远》，《青年参考》2005 年 3 月 30 日。

② 《华尔街日报》，1995 年 1 月 17 日。

③ ［日］猪口孝编：《日本的亚洲政策——从亚洲看的不信与期待》，东京：NTT2003 年版，第 194 页。

④ 参见李浩源：《不确定号角中的伙伴——解析韩日安全合作与军事交流》，《国际展望》2002 年总第 449 期，第 26 页。

国”，并提出当韩国受到朝鲜武力进攻时，日本应考虑行使集体自卫权。[①] 从战略层面而言，日本在加强与美国同盟的时候，通过美国的桥梁作用，强化美日韩“三边两同盟”框架内的双边关系，早已纳入日本政治家的视野。近年来，日本军方的各种演习都邀请韩国军方参加，而日本的军事院校和相关研究机关里对韩国研究者几乎是不“设防”的。[②] 随着美国逐步削减驻韩美军兵力，日本有意借机加强对韩军事合作。如果日韩两国真的向实质性的双边军事合作体制发展，有可能成为干预地区冲突的一体化武装力量。

同时，从美国的角度来看，如果说过去美国加强与日韩军事同盟关系是为了防范朝鲜的现实威胁，遏制中国和俄罗斯的崛起，牵制日韩两国的发展的话，现在则主要是为了遏制和防范中国。美国强调“日本是美国亚洲政策的核心”，企图依托其在亚太地区的军事存在和军事联盟加大对中国的牵制态势；日本在改变防御方向中也将中国列为“主要威胁”之一，在防卫方针及兵力部署上，开始采取针对中国的积极防御战略；而韩国目前则大力发展“远洋海军”和“战略空军”，明目张胆地引进和部署美国“萨德”系统。美国正试图对美日、美韩这两对双边同盟进行整合，以便形成美日韩三国同盟。今后，美日韩军事合作针对中国的一面也将更加明朗。[③]

美日韩三国加强军事合作将会给东北亚安全带来巨大影响，有可能引起地区军事力量的不平衡。如果三国充当“亚洲宪兵”强行干涉地区事务将会引发新的地区危机。新形势下的美日韩军事合作关系的变化，不仅关系到东北亚地区局势的稳定，而且直接影响中国的安全。尤其是，

① ［日］山本一太主编：《如果我是日本首相》，北京：当代世界出版社 2004 年版，第 35 页。

② 比如，日本防卫研究所的“闭门”研讨会一般情况下对韩国学者是开放，而对中国学者则是“设防”的。

③ 刘革军：《美日韩军事合作现状及发展趋势》，《现代军事》2001 年 7 月，第 54 页。

日本正在积极迈向政治大国、不断调整防卫政策，由“专守防卫”转变为与美“联合出击”，并不时挑战中国的核心利益。日本高官甚至扬言中国是潜在的威胁，日韩两国应该“联合对抗中国潜在的安全威胁”。[①] 而在韩国方面，把中国看作“可视的和潜在的威胁”的论调也甚嚣尘上。

日韩两国要建立真正的“新型伙伴关系”，关键在于作为加害者的日本能否真正反省对韩国殖民统治的历史，以取得韩国国民的信赖。尽管日本政府对“历史问题”进行了三番五次的道歉，但日本给韩国国民带来的伤害和损失难以用道歉弥补，韩国人民心灵上的伤疤非一朝一夕所能愈合，韩国真正需要的乃是日本当局的实际行动。同时，我们应该看到，日韩关系发展得比较成熟，双方在历史、领土等问题上“该计较就计较”，但并不因此影响其他领域的交流。况且，维系和发展同美国的同盟关系，进而维持美日韩三国协调体制，是日韩两国对外战略的核心和首要目标。至于更长时期双方关系的发展，那要看整个东北亚关系格局的变化。

① 《日本高官指中国是潜在威胁，妄言日韩应联手对抗》，中国新闻网，2006年1月20日，http：//news. xinhuanet. com/world/2006-01/20。

中日韩合作面临的挑战及对策

焦佩　陈旭　和春红　李玮玮*

摘　要　中日韩三国的合作已经先后走过“10+3”框架时期、独立机制化时期以及深度调整时期。然而，三国合作至今仍未摆脱经济上的密切联系和政治、安全上的分离并存的“二元结构”。究其原因，三国政策的目标不一致和内容不协调，是阻碍合作进程的关键症结。面对逆全球化、产业结构竞争，以及东北亚地区形势的变化，三国需要在理念、战略、政策上提高共识，在政策上加强沟通，深化合作。

关键词　中日韩合作　二元结构　逆全球化　命运共同体

中日韩同处东北亚地区，地缘连接，利益交织，三国是具有全球分量的重要经济体，彼此互为重要贸易伙伴，相互间不仅存在广泛的利益基础，也有着内在的合作诉求。中日韩合作是构建东亚共同体的基础，对于促进整个东亚和亚太区域融合具有重要意义。

由于存在经济上密切联系和政治、安全上分离并存的“二元结构”，三国合作一直面临较多问题，导致中日韩合作进展缓慢，出现反

---

* 本文为教育部区域与国别委托研究课题报告节选。焦佩，山东大学（威海）马克思主义学院副教授；陈旭，山东大学（威海）马克思主义学院讲师；和春红，山东大学（威海）马克思主义学院讲师；李玮玮，威海职业技术学院讲师。感谢东北亚学院张蕴岭教授对本文的审读与修改。

复。本来，中日韩合作应该成为推动整个东北亚合作的领头羊，但是，由于中日韩三国关系的复杂性和外部环境的变化，特别是美国战略调整与朝核危机升级，不仅使得三国合作进程出现停滞，而且也使东北亚和东亚的合作受到影响。如何破解中日韩的合作困境，关系到东北亚地区的和平发展利益，也关系到我国的外部环境，特别是在东北亚地区的重大利益。因此，很有必要在总结中日韩合作历程的基础上，找出阻碍合作的要因所在，并有针对性地提出对策建议。

一、中日韩合作历程回顾

尽管中日韩是东亚地区最为重要的三大经济体，且三国地理相邻、经贸往来密切、人员交往频繁，但是三国官方合作却起步较晚。从机制构建的角度来说，中日韩合作是在东盟与中日韩合作机制（“10+3”）下孕育起来的，后来成为独立的进程。

（一）“10+3”框架时期（1999—2007 年）

“10+3”框架时期的中日韩合作是一个逐渐走向正式和独立的过程。从形式上来看，中日韩合作从最初的早餐会发展为正式会晤；从议题来看，中日韩合作从最初的中日韩和东盟的合作议题发展为中日韩自身的合作议题；从合作范围来看，中日韩合作从最初的经贸合作扩展为全方位的对话和磋商。

“10+3”框架不仅为中日韩领导人共聚提供了平台，也为他们为一个共同的目标开展合作提供了机遇。在“10+3”合作框架下，中日韩合作先后经历了非正式会晤和正式会晤两个发展阶段。1999 年 11 月，在东盟与中日韩（“10+3”）领导人会议期间，中日韩三国领导人举行早餐会，时任中国总理朱镕基、日本首相小渊惠三和韩国总统金大中正式启动东盟“10+3”框架内的三国对话进程。此后，中日韩三国领导人每年出席“10+3”领导人会议时都会举行非正式会晤，就三国合作开展交流，2000年，朱镕基、森喜朗和金大中在新加坡举行早餐会，2001年，朱镕基、小泉纯一郎和金大中在斯里巴加湾举行早餐会。2002年，三国领导人将早餐会改为正式会晤，朱镕基与时任日本首相小泉纯一郎和韩国总理金硕洙在金边举行了中日韩领导人第一次正式会晤。此后，除2005年因小泉纯一郎参拜靖国神社而导致会晤一时中断以外，前后共举行了五次三国领导人正式会晤，最终达成建立三国独立合作机制的共识。

“10+3”框架时期的中日韩合作，围绕中日韩和东盟的合作、中日韩自身合作两大议题次第展开。首先，是中日韩和东盟的合作议题。“10+3”框架始于1997年的首次东盟—中日韩领导人非正式会议，主要议题是通过合作应对1997年发生的严重经济危机，构建以“10+3”为基础的东亚合作机制。因此，“10+3”框架下的中日韩会晤主要是支持东盟走出危机，但同时探索三国开展合作的路径。事实上，“10+3”合作框架有两个支撑点：一是东盟与中日韩三国的共同合作；二是东盟分别于中日韩三国的合作。前者孕育出地区的合作机制（东亚），后者建立东盟分别与中日韩三国的合作机制（“10+1”）。

其实，在1999—2002年期间，中日韩合作的确更侧重中日韩与东盟的合作议题，用东盟来拉动中日韩的合作。自2003年起，中日韩明确三国自身合作的原则和领域，开始就推进合作进行具体规划，是年，中日韩领导人共同签署《中日韩推进三方合作联合宣言》，2004年继续通过《中日韩三国合作行动战略》和《中日韩合作进展报告》，2007年恢复会晤后制定出三国合作的行动计划。此间，三国在经贸金融、信息通讯、知识产权等领域逐步建立起部长级会议机制，先将经贸、信息产业、环保、人力资源开发、文化确定为五大重点合作领域，后又将财经、科技、物流、卫生、旅游、青少年交流等六个领域列入重点合作领域，承认在安全保障、贸易投资、环境保护等 14 个合作领域已经取得阶段性进展。

“10+3”框架时期的中日韩合作，表现出伴生性和不平衡性两大特征。首先，所谓的伴生性是指中日韩领导人会晤并非单独举行，而是在东盟峰会时顺便举行。中日韩合作搭乘的是东盟与中日韩合作的便车，从这个角度来说，“10+3”东亚合作进程推动了中日韩合作的进程。其次，所谓的不平衡性是指“10+3”框架下的中日韩合作主要侧重经贸领域，极少涉及政治和安全领域。1999—2001 年的早餐会上，中日韩三国领导人都是就经贸问题交换意见。2002 年以后的正式会晤虽然明确要多领域合作，但还是以经贸为主。2005 年，日本首相参拜靖国神社，把政治议题提到前面，导致了三国领导人会晤进程中断，这使三国认识到，政治和安全领域的合作是必不可少的。2007 年领导人会晤恢复后，三国决定建立三方外交高官磋商机制，就三国之间的重大政治、外交议题以及重大的国际和地区问题进行沟通和协调。

表 1　“10+3”框架时期的中日韩合作（1999—2007 年）

时间	地点	领导人	形式	成果
1999 年 11 月	菲律宾马尼拉	中国总理朱镕基 日本首相小渊惠三 韩国总统金大中	早餐会	启动中日韩在“10+3”框架内的合作
2000 年 11 月	新加坡	中国总理朱镕基 日本首相森喜朗 韩国总统金大中	早餐会	将中日韩在“10+3”框架内的会晤定期化
2001 年 11 月	文莱斯里巴加湾	中国总理朱镕基 日本首相小泉纯一郎 韩国总统金大中	早餐会	就进一步促进中日韩经贸合作等问题交换意见并取得广泛共识
2002 年 11 月	柬埔寨金边	中国总理朱镕基 日本首相小泉纯一郎 韩国总理金硕洙	正式会晤	就三国经贸合作和三国与东盟的合作交换意见，将经贸、信息产业、环保、人力资源开发、文化确定为五大重点合作领域

续表

时间	地点	领导人	形式	成果
2003 年 11 月	印度尼西亚巴厘岛	中国总理温家宝 日本首相小泉纯一郎 韩国总统卢武铉	正式会晤	首次发表《中日韩推进三国合作联合宣言》共同文件，初步明确三国合作的原则和领域，并决定成立三方委员会总体协调三国合作
2004 年 11 月	老挝万象	中国总理温家宝 日本首相小泉纯一郎 韩国总统卢武铉	正式会晤	通过《中日韩三国合作行动战略》和《中日韩合作进展报告》
2005 年 2006 年	因日本首相坚持参拜靖国神社，中日韩领导人会晤被迫中断			
2007 年 1 月	菲律宾宿务	中国总理温家宝 日本首相安倍晋三 韩国总统卢武铉	正式会晤	发表《第七次中日韩领导人会议联合新闻声明》，决定建立三方外交高官磋商机制，就三国间重大的政治、外交课题以及重大的国际和地区问题进行沟通和协调，将财经、科技、物流、卫生、旅游、青少年交流等六个领域列入重点合作领域
2007 年 11 月	新加坡	中国总理温家宝 日本首相福田康夫 韩国总统卢武铉	正式会晤	达成建立独立三国合作机制的共识，确定 2008 年三国合作的一系列具体项目，包括制订三国合作行动计划，组建网络秘书处，进行非洲政策对话，加强可再生能源与新能源科技合作，保持自贸区联合研究框架，在海上搜救、奥运反恐等非传统安全领域进行合作等

资料来源：课题组整理而成。

（二）独立机制化时期（2008—2012 年）

独立机制化时期的中日韩合作，在形式上表现出“10+3”领导人会议期间会晤和领导人单独举行会议的双轨模式，在目标上明确指向伙伴关系，在合作领域上仍表现出经济和政治安全之间的不平衡特征。

独立机制化时期的中日韩合作，开启“10+3”框架内会晤和独立举行会议的双轨模式。首先，2008 年起中日韩三国领导人开始单独举行会议。早在 2004 年，韩国就提出在东盟峰会之外单独召开三国领导人会议的建议。2008 年该建议正式落地，首次中日韩领导人独立会议在日本福冈举行，并决定将该会议机制化，以后每年在三国轮流召开。2008—2012 年间，三国分别在福冈、北京、济州岛、东京、北京举行了五次领导人会议。其次，“10+3”框架内的三国领导人会晤继续保留。2009—2012 年东盟与中日韩“10+3”领导人会议分别在泰国华欣、越南河内、印度尼西亚巴厘岛和缅甸金边连续举行。其中，2010 年 10 月在越南河内举行的第 13 次东盟与中日韩领导人会议和 2011 年 11 月在印度尼西亚巴厘岛举行的第 14 次东盟与中日韩领导人会议期间，中日韩领导人都又单独进行了会晤。

独立机制化时期的中日韩合作，建立起常设合作机制，拓展了合作领域。首先，中日韩合作的目标明确指向发展伙伴关系。2008 年首次三国领导人会议发表《三国伙伴关系联合声明》，决定建立面向未来的全方位合作。2009 年第二次中日韩领导人会议发表《中日韩合作十周年联合声明》，将目标升级为建立面向未来、全方位合作的伙伴关系。2010 年第三次中日韩领导人会议发表《2020 中日韩合作展望》，将合作目标推向新高度，即巩固面向未来、全方位合作的伙伴关系。2011 年的第四次三国领导人会议提出要进一步加强三国面向未来的全方位合作伙伴关系。2012 年第五次中日韩三国领导人会议通过《关于提升全方位合作伙伴关系的联合宣言》，继续坚持明确了全方位合作伙伴关系的定位。其次，中日韩合作设立了常设合作机制，逐步建立起多领域的合作框架。2007 年起三国就开始着手建立外交高官磋商机制，拉美政策、非洲政策、亚洲政策磋商都被纳入其中。2011 年三国又在首尔建立合作秘书处，沟通协同日常事务。截至 2012 年，中日韩合作已建立起以领导人会议为核心，以外交、经贸、科技、文化等 18 个部长级会议和高官会、司局级会议等 50 多个工作层为支撑的、较为完备的合作机制。

独立机制化时期的中日韩合作，仍未摆脱经济与政治、安全之间的不平衡性。政治安全领域仍停留在政策磋商层面，政治安全领域的成就也主要表现在非传统安全方面。2008 年三国启动中日韩核安全监管高官会机制，2009 年三国召开首届灾害管理部门负责人会议，2011 年三国联合举办东亚地震研讨会，2011 年三国举行首次反恐磋商，这些均属于非传统安全。而在传统安全方面，中日韩的合作并无进展，日韩仍将把与美国的军事同盟置于优先地位。

表 2　独立机制化时期的中日韩合作（2008—2012 年）

时间	地点	领导人	形式	成果
2008 年 12 月	日本福冈	中国总理温家宝 日本首相麻生太郎 韩国总统李明博	领导人会议	签署并发表《三国伙伴关系联合声明》，首次明确三国伙伴关系定位，通过《国际金融和经济问题的联合声明》《三国灾害管理联合声明》和《推动中日韩三国合作行动计划》
2009 年 4 月	泰国帕塔亚	中国总理温家宝 日本首相麻生太郎 韩国总统李明博	东亚领导人系列会议上会晤	就加强中日韩合作、推进中日韩与东盟合作交换意见

续表

时间	地点	领导人	形式	成果
2009 年 10 月	中国 北京	中国总理温家宝 日本首相鸠山由纪夫 韩国总统李明博	领导人 会议	发表《中日韩合作十周年联合声明》，指出相互尊重、平等互利、开放透明、尊重彼此文化差异是三国合作的基础和保障，也是三国合作应该遵循的原则。三国将秉承正视历史、面向未来的精神，推动三国关系朝着睦邻互信、全面合作、互惠互利、共同发展的方向前进，还通过《中日韩可持续发展联合声明》《2020 中日韩合作展望》《中日韩加强科技与创新合作联合声明》《中日韩标准化合作联合声明》
2010 年 10 月	越南 河内	中国总理温家宝 日本首相菅直人 韩国总统李明博	东亚领导人系列会议上会晤	就“10+3”合作、东北亚局势、G20 议题交换看法
2011 年 5 月	日本 东京	中国总理温家宝 日本首相菅直人 韩国总统李明博	领导人 会议	发表《第四次中日韩领导人会议宣言》，通过灾害管理、核安全、可再生能源和能效合作等三个文件
2011 年 11 月	印度尼西亚 巴厘岛	中国总理温家宝 日本首相野田佳彦 韩国总统李明博	东亚领导人系列会议上会晤	就中日韩合作和其他共同关心的国际和地区问题交换意见

续表

时间	地点	领导人	形式	成果
2012 年 5 月	中国北京	中国总理温家宝 日本首相野田佳彦 韩国总统李明博	领导人会议	发表《关于提升全方位合作伙伴关系的联合宣言》《关于加强农业合作的联合声明》和《关于森林可持续经营、荒漠化防治和野生动物保护合作的联合声明》，宣布将于年内启动三国自贸协定谈判，并签署《中日韩关于促进、便利和保护投资的协定》
2013 年	日本强行推行钓鱼岛“国有化”，韩国总统登上独岛（日本称竹岛），三国领导人会议被迫中断			

资料来源：课题组整理而成。

（三）波动调整时期（2013 年至今）

本来，在合作机制确定，且建立了合作秘书处的情况下，三国合作进程应该进入一个深化的阶段，但是，由于受到双边关系的影响，合作进程出现反复，走走停停，进展不如人意，可以说处在波动调整期。

中日韩合作自诞生之日起就强调在加强内部合作的同时推动区域对话与合作，在建立独立机制的同时也保留在东盟框架下的会晤，因此中日韩与东盟、东亚峰会、亚太经合组织、G20 等现有区域机制的合作是其重要内容。在政治磋商方面亦是如此，除对三国之间的政治问题交换意见外，还就三国的拉美政策、亚洲政策、非洲政策交换意见，对国际社会的恐怖主义、极端主义、热点问题保持政策沟通。然而，与中日韩在亚洲和世界经济中的比例和贡献相比，三国之间的相互依存度过低。目前，中日韩三国经济总量占东亚总量的 90% 以上、亚洲总量的 70% 以上、世界总量的 20%以上，是仅次于欧盟和北美的第三大经济力量，但是其相互依存度却不到 20%。虽然中日韩三国都已经分别与东盟建立起自贸区，中日韩三国的自贸区建设却仍然遥遥无期。

中日韩以经贸合作带动全方位合作的方式已经遭遇瓶颈问题。2013—2014 年中日韩三国领导人会议中断后，2015 年虽然重启，但问题却没有得到根本解决。正如 2005—2006 年三国领导人会晤中断之后重启一样，都是因为政治出了问题，让合作进程中断。2015 年，中日韩第六次领导人会议在韩国首尔举行，发表了《关于东北亚和平与合作的联合宣言》，重申将进一步努力加速自贸区（FTA）谈判，最终缔结全面、高水平和互惠的自贸协定，仍避开政治问题，试图通过自贸区谈判来促进政治互信。然而，经贸的推动作用不仅随着时间的推移变得更加有限，而且还会随时被历史、政治、安全问题打断。2015 年底《中韩自贸协定》正式生效，原本期待它能推动中日韩自贸区谈判的加速进行。然而，在“萨德”问题的冲击下，不仅没有产生推动效应，甚至中韩自贸协定的效果也大打折扣。此后，中日韩领导人会议再次受阻，只在环境、文化、卫生、财政、运输及物流、审计、灾难、地震、知识产权等次敏感领域举行了部长级会议，取得了一定进展。

面对逆全球化、朝鲜半岛形势急剧变化，中日韩三国出于改善关系、推进合作的共识，克服障碍，于 2018 年 5 月 9 日在东京举行了第七次中日韩领导人会晤。三国领导人重申，确保三国领导人会晤机制可持续，并拓展三国在更多领域的合作。三国领导人还特别强调，要加快《区域全面经济伙伴关系协定》（RCEP）谈判，以期尽快达成现代、全面、高质量和互惠的协定，强调推进中日韩自贸区谈判、东亚区域合作进程，在保护知识产权、互联互通、电子商务、新经济等诸多领域开展合作，制定行动计划，并认真落实。特别是，三国领导人单独发表声明，支持为推进朝鲜半岛无核化和构建东北亚长久和平机制所做的努力。应该说，尽管三国关系中还存在不少问题，但这次会议开启了中日韩合作的一个新阶段。

表 3 波动调整时期的中日韩合作（2013 年至今）

时间	地点	领导人	形式	成果
2013 年 2014 年	因领土和历史纷争，三国领导人会议中断			
2015 年 11 月	韩国 首尔	中国总理李克强 日本首相安倍晋三 韩国总统朴槿惠	领导人 会议	发表《关于东北亚和平与合作的联合宣言》，重申将进一步努力加速自贸区谈判，最终缔结全面、高水平和互惠的自贸协定
2016 年 2017 年	因韩国部署“萨德”和韩国国内政局不稳，三国领导人会议中断			
2018 年 5 月	日本东京	中国总理李克强 日本首相安倍晋三 韩国总统文在寅	领导人 会议	发表《中日韩领导人关于 2018 朝韩领导人会晤的联合声明》，支持朝鲜半岛完全无核化和建立永久和平机制的共同目标；发表《中日韩领导人会议联合宣言》，加快《区域全面经济伙伴关系协定》谈判、中日韩自贸区进程

资料来源：课题组整理而成。

总的来看，中日韩虽然在经贸合作上取得了一定成就，也借此推动了一些次敏感区域的非传统安全合作，但又经常遭到敏感问题的反噬，数度中断合作进程。

二、中日韩合作的成效

在中日韩合作的问题上，三国政策的目标不一致和内容不协调是阻碍合作进程的关键症结。在国际合作问题上，各国政策追求的目标都与福利的获得和安全的维护相关，受国内和国际两种因素的共同影响。所谓福利获得，是指在国际贸易、援助和投资上占得有利的份额。所谓安全维护，是指在国际格局中占据有利地位或促进国际秩序向于己有利的方向改变。国家间选择合作而不是单打独斗，无非是希望能够以创建共同的良好环境来实现更多的福利和安全。从中日韩合作历程来看，三国合作能为彼此带来更多的福利和安全，例如在贸易、投资、非传统安全方面通过合作改善了三国交往的环境，然而，如果合作的基本条件遭到破坏，特别是政治环境遭到破坏，合作就会受阻，导致已有的福利和安全下滑，为止损而恢复的合作在一段时间后又会遭遇同样的天花板问题，这就是虽然已经达成中日韩合作必要性的共识，但合作进程却一再停滞和反复的原因所在。中日韩之间经济有着紧密的联系，因此有着共同的利益基础和空间，合作能够加固利益基础，扩大利益空间。但是政治与安全存在巨大差异，相互间不仅链接的共同基础薄弱，空间狭窄，而且还存在诸多冲突点。三国合作从经济开始，显然希望避开复杂的政治与安全，希望以经济促政治。然而，政治的刚性特征一旦凸显，经济的合作环境就受到影响。在很大程度上说，合作的政治意愿是维护经济合作进程的保障。

目前中日韩合作已经形成了包括约 20 个部长级机制在内的 50 多个政府间协商机制，达成的重要官方文件主要包括：《中日韩推进三国合作联合宣言》（2003 年）、《第七次中日韩领导人会议联合新闻声明》（2007 年）、《三国伙伴关系联合声明》（2008 年）、《中日韩合作十周年联合声明》（2009 年）、《2020 中日韩合作展望》（2010 年）、《第四次中日韩领导人会议宣言》（2011 年）、《第五次中日韩领导人会议关于提升全方位合作伙伴关系的联合宣言》（2012 年）和《关于东北亚和平与合作的联合宣言》（2015 年）。2015 年以来，三国举办了中日韩外交、旅游、水资源、环境、财政、经贸、农业、文化、卫生部长会议，灾害管理部长级会议，央行行长会议，人事部门首长会议，三方警务工作会晤、反恐磋商，林业司局长会晤，大学交流合作促进委员会会议，东北亚名人会，灾害管理桌面演练，海洋科学研讨会和中日韩合作国际论坛等活动，并举行了多轮中日韩自由贸易协定谈判。

在地区安全合作方面，目前中日韩尚未能通过三方合作为东北亚地区提供公共安全产品，区域安全合作主要在现有的安全机制下进行：东盟地区论坛（ASEAN Regional Forum，ARF）①、亚太安保合作理事会（Council for Security Cooperation in Asia-Pacific，CSCAP）②、东北亚合作对话（Northeast Asia Cooperation Dialogue，NEACD）③ 以及重启未定的六方会谈等。在地区核心安全议题上，比如朝核问题，中日韩三国并未形成统一立场和以三国为核心的有效合作。

中日韩三国除了在地区多边安全机制之下进行合作之外，2011 年第四次中日韩领导人会议通过了《核安全合作》成果文件，2015 年 10 月举行了第八次三国核安全监管高官会（TRM）和第三次东北亚核安全合作国际论坛（“TRM+会议”），并将强化在民用核能安全领域的合作。

东北亚地区非传统安全关注的重点在于：金融危机、能源短缺、生态环境恶化、恐怖主义和大规模杀伤性武器扩散、非法移民、流行疾病等问题。当下东北亚地区的非传统安全合作基本上以中日韩合作为核心。在 2003 年 10 月中日韩三国的首份合作文件《中日韩推进三方合作联合

---

① 始于 1994 年，是目前亚太地区最主要的官方多边安全对话与合作渠道。

② 亚太安全合作理事会（CSCAP）正式成立于 1994 年，是亚太地区重要的二轨安全对话与合作机制。现有 21 个成员委员会，涵盖亚太地区的大多数国家。中国于 1996 年加入亚太安全合作理事会，1997 年成立亚太安全合作理事会中国委员会。

③ 始于 1993 年的东北亚合作对话（NEACD）是一个第二轨道（半官方或非官方性质）的多边安全论坛，包括朝鲜在内的六方会谈当事国的外交官员和民间学者出席，就东北亚地区安全问题交换意见。各国一般会派出六方会谈团长或副团长出席，试探各国态度，填补六方会谈的空白。

宣言》中，环境合作、金融合作、打击跨国犯罪等非传统安全领域被纳入重点合作领域。2008 年 12 月召开的首届中日韩领导人单独会议签署了《国际金融和经济问题的联合声明》和《中日韩合作行动计划》，启动了政治、经济、社会和文化领域的全方位合作。随后，三国相继启动央行行长会议机制、资源部长会议机制以及航空安全、能源安全、反恐、海上安全等领域的合作和磋商机制，并于 2011 年 5 月正式成立三国合作秘书处。2014 年中日韩又启动了首次空气污染防治对话会和首次网络政策磋商。

从 2015 年 11 月第六次中日韩领导人会议发表的《关于东北亚和平与合作的联合宣言》来看，中日韩三方在非传统安全领域合作的主要机制是各分领域的部长级会议。中日韩三国共同应对恶意网络活动、恐怖主义和暴力极端主义等非传统安全威胁，并继续进行中日韩反恐磋商和三国网络政策磋商；在灾害管理方面，2011 年第四次中日韩领导人会议通过了《灾害管理合作》联合声明；环境保护合作方面，2015 年 4 月举行的第 17 次中日韩环境部长会议通过了《中日韩环境合作联合行动计划（2015—2019）》，确定了九大优先领域。三国已经开展了空气污染、沙尘暴防治以及环境污染防治技术信息交流方面的对话与合作，并加强三国在这一领域的信息共享和技术合作等。不过，出于多种原因，实际合作成果有限。

经贸领域的中日韩合作，在中日、中韩、韩日双边经贸合作以外，一直以来主要通过“10+3”这一主渠道进行。2008 年中日韩三方合作正式启动之后，三国在贸易与投资、运输与物流、海关、知识产权、金融、科技、信息通信技术（ICT）产业、能源、标准化合作、消费者等领域开始了持续合作。但这些合作均偏于实用主义的功能性合作，依托松散的合作协议，制度化水平不高。能否在中日韩自贸区建设上实现突破，将是三国经贸领域最为重要、最具代表性的合作成果。

财金领域最为成熟的合作机制依然是“10+3”框架下的多边金融合作，如清迈倡议。2010 年 3 月清迈倡议多边化协议生效，三国将在清迈倡议双边货币互换机制基础上建立由“10+3”全体成员共同参与的多边货币互换机制。中日韩在积极参与“10+3”多边框架下的金融合作的同时，通过举行三国领导人会议、财长会议、央行行长会议等形式推动多边金融交流与合作。2008 年 12 月 10 日，三国央行发表联合声明，同意定期召开行长会议，讨论区域金融议题。就中韩而言，2009 年 4 月中国人民银行和韩国银行签署了双边货币互换协议，后来两次续签。在“萨德”问题影响中韩关系的背景下，2017 年 10 月中韩就延长两国央行间的货币互换协议达成一致，合同条件不变，期限为三年，规模为 560 亿美元。就中日而言，两国在紧急情况下互换本国货币的货币互换协议 2013 年到期，2016 年重启磋商，2018 年 5 月中日就签署货币互换协议达成共识，中国给予日本 2000 亿的人民币合格境外机构投资者（RQFII）额度。就日韩而言，2015 年 2 月日本宣布与韩国间 100 亿美元规模的货币交换协议将不再延长。2014 年 3 月韩国提出了东北亚开发银行的设想，目前日本的官方态度，类似对亚洲基础设施投资银行的态度，并不明确（截至 2018 年 5 月 2 日）。中日韩三国合作秘书处在社会文化领域列出了文化、旅游、教育、体育、青少年交流、公共人事管理、研究机构交流和媒体交流等八大合作门类。三国文化交流已形成文化部长定期对话机制，文化产业合作自 2002 年启动并形成了副部长会议机制；教育合作在高层次人才培养、科研合作、学生交流、语言教学、“亚洲校园”等具体领域广泛开展，首次中日韩教育部长会议已于 2016 年 1 月召开；中日韩旅游部长会议及其下属的业界交流机制，推动了三国旅游部门和产业界的密切务实合作，中日韩三国之间的游客往来人数稳步攀升；中日韩人事政策网络已发展为比较成熟的合作机制，通过资料交换与三方轮流主办青年公务员交流、研讨会、联合研究等形式在人事行政领域开展合作；自

2006 年 2 月以来三国轮流举办东北亚名人会，促进三国经济、文化和学术界知名人士的民间交流；中国人民日报社与日韩主流媒体都签署了合作备忘录，保持不定期人员交流，举办“中日韩文化论坛”、国际会议等；自 1999 年起在中日韩三国轮流举行中日韩友好城市大会，并发展成为三国地方政府交流与合作机制，截至 2015 年，中国与日本已建立友好城市 251 对，与韩国已建立友好城市 182 对；通过中日韩青年领导人圆桌会议（原“中日韩青年领导人论坛”）和中日韩青少年友好会见活动开展中日韩青少年交流，由中日韩三国轮流主办。2018 年 5 月的领导人会议发表的宣言进一步强调扩大人员交流，特别是青少年交流的重要性。

中日韩社会文化领域的合作，覆盖领域广、密度大，具有较好的政策延续性。但是这种合作以官方推动、政府间机制为主，今后还需要给予三国民间、分领域的社会团体更多的支持，来进行主动、自发的三方社会文化交流与合作。另外，中日韩三国还存在历史问题的阻隔，近年来相互之间的国民好感度也每况愈下，未来三国之间的社会文化合作只有寻求在历史和解方面能够发挥持久积极作用的方式和途径，方能实现实质性的突破。

三、面临的挑战和对策

中日韩三国有通过合作共同创造福利增量的意愿，经济上的相互依赖关系也为三国开展合作提供了利益基础，但由于政治与安全上的分离，使中日韩合作出现两个不平衡的显著特征：经济合作与政治安全合作之间的不平衡，内部合作与外部合作之间的不平衡。未来，中日韩合作将在环境、动力、议题、机制等多个方面面临挑战。面对环境、动力、议题、机制等方面的挑战，在推进中日韩合作的问题上我国需要顺势而为，在理念、战略、政策上有所作为。

（一）面临的挑战

经济关系、力量对比、开放环境和安全环境变化是中日韩合作面临的最大挑战。在经济关系结构方面，中国经济总体水平提升，竞争力增强，改变三国的经济关系结构，同时也改变三国间的力量对比；在开放环境方面，反全球化逆潮在数次经济危机的推动下不断发酵，对东北亚区域合作产生不利的影响，日韩更为担心自身的经济被中国控制；朝鲜半岛局势的动荡对东北亚地区的安全带来很大的不确定性，在安全战略上，三国也存在诸多差异，在此情况下，三国深化合作的原动力不足，共识性减弱。

当前虽然全球化仍是大趋势，但是逆全球化的势力也不容小觑。2008 年国际金融危机以后，世界经济陷入长期低迷，不仅发达国家和发展中国家之间的南北冲突增加，而且发达国家内部的竞争也在加剧。美国被其庞大的海外利益而拖累，欧盟多国陷入债务危机，日本因财政赤字和人口老龄化而缺乏活力，逆全球化成为一种新的民粹主义。全球化带来的问题和逆全球化带来的问题相互交织，贸易保护主义、排他主义、恐怖主义、贫富悬殊、难民潮等日趋严重。美国特朗普政府先后退出《跨太平洋伙伴关系协定》和《巴黎协定》，重新考虑北美自由贸易区，限制穆斯林入境，打击非法移民，收缩全球利益范围。欧盟多国的主权债务危机使成员国之间的矛盾加深，英国公投“脱欧”成功，法国和德国的“脱欧”势力也增长，在对待叙利亚难民的问题上甚至出现了新纳粹主义的萌芽。2010 年以后，全球贸易增长已经连续多年低于 5%，冲击现有的自由贸易安排。受逆全球化浪潮的影响，日韩国内都出现了反对自贸谈判、倡导孤立主义的群体。

面对经济停滞的局面，日本国内的保护主义上升。日本经济经历了 20 世纪 90 年代“失去的十年”后，又面临经济持续疲乏的现状，竞争力的下降使贸易保护主义重新抬头，对全球化下的自由贸易产生了深深的怀疑。为此，日本政府采取了一些对国内产业进行保护的措施，严重影响了日本对东亚区域经济合作的参与。即便在 WTO 框架之下，日本也通过强化规格认定制度、强化进出口检疫措施、增加出口补助金、增设反倾销关税等措施，保护本国产业，其中以环保为名设置的绿色壁垒就取得了显著效果。日本学界长期以来一直存在一种声音，认为美国式的全球化是具有天生缺陷的全球化，主张建立一个更为包容的全球化进程。日本京都大学教授中西辉政认为，要构建新的全球化进程，各国的主权作用重新凸显，各国将根据自身的利益而选择性地与他国合作，国际秩序将重新经历一个"自下而上"的形成过程。在此思维模式之下，中日韩三国合作对日本而言并无显著的利益优势，其推动和参与的积极性自然不高。

尽管韩国政府坚持开放的政策，但国内反全球化势力增强。比如，2006 年组成的"阻止韩美自贸区泛国民运动"宣称，"现在，美国强行推进柔性战略和单边霸权主义，以韩美自贸区为代表的新自由主义在全球盛行，面对跨国资本的经济掠夺，我们不可避免地打响全面战争。现在，不能后退也没有退路。反对韩美自贸区的全国人民正在全国各地集合起来。摒弃不同意见团结起来斗争的时候到了。只有赌上全部身家共同战斗，才能获得胜利。"① 此后，不仅反对韩美自贸区的运动持续至今，从最初的抗议谈判到现在的终止协定，而且还扩散到其他自贸区，中韩自贸区和中日韩自贸区都遭波及。反对势力认为，中韩自贸区和中日韩自贸区会侵害底层人民的利益，强化国际资本的力量，特别进口农产品价格的下降会直接冲击农民的利益。围绕中韩自贸区的效果，韩国三星

① ［韩］阻止韩美 FTA 泛国民运动宣言［EB/OL］，http：//www. acaphilo. or. kr/xe/？document_ srl=240，2006-03-28.（Korea） Declaration to prevent the pan national movement of the Korea-America FTA ［EB/OL］，http：//www. acaphilo. or. kr/xe/？document_ srl=240，2006-03-28.

经济研究所预测，中国对韩国农产品的进口量可能增加 104.8% 至 209.2%，远高于韩国对中国出口增长率 48.3% 至 100%；韩国农村经济研究院分析，若中韩降低关税率 50%，韩国农业部门收入将减少近 2.8 万亿韩元。

中日韩产业的同质竞争加剧，减弱三国的合作动力。中日韩三国合作的快速推进，很大程度上是因为产业结构的互补。因现代化的起点不同，中日韩分别处于不同的经济发展阶段，相互具有差异性的比较优势。日本在高端产业具有比较优势，韩国在电子通讯产业和高中端制造业具有比较优势，中国在电子通讯产业和中低端制造业具有比较优势。然而，随着中国经济的快速成长和产业结构升级，这种差异性的比较优势正在趋同。三国产业之间的竞争高过合作，后续合作动力不足。

在中日韩本身的产业结构变化中，动力不足的现象已经出现。2014 年，中国出口产业的前三位分别是电子产品（24.4%）、一般机械（17.1%）、纺织品（12.3%），日本出口产业的前三位分别是汽车（20.6%）、一般机械（19.2%）、电子产品（15.1%），韩国出口产业的前三位分别是电子产品（24.1%）、汽车（12.8%）、一般机械（11.0%）[①]。与此同时，中日韩三国不约而同地将科技创新列入经济发展计划之中。韩国李明博政府时期提出面向先进一流国家的科技计划，朴槿惠和文在寅继承了创新韩国的理念，试图改变韩国处于发达国家和发展中国家的夹缝状态。2017 年日本通过了《第五期科学技术基本计划（2016—2020）》，提出建设“世界上最适宜创新的国家”的目标，重视科技研发和产业重组。中国也强调创新是引领发展的第一动力，自 2006 年起就提出建设创新型国家的战略，在互联网产业创新上独具特色。随着第四次工业革命的来袭，围绕信息技术和人工智能的产业结构调整都

① 数据来自韩国贸易协会网站，www.kita.net。

将使中日韩竞争加剧，削弱原来由产业互补而形成的合作动力。

从中日韩与地区外行为体的合作变化中，也可发现动力不足的现象。在与东盟的合作关系中，中日韩之间的竞争日趋激烈。2014 年，在中日韩与东盟的对外贸易中，电子产品、化工产品、钢铁和金属产品、一般机械同时出现在三国与东盟的出口榜单前五位之中①，同质竞争现象凸显。同时，因为中国产业升级和劳动力成本上升，日韩也出现将对华投资转移至南亚和东南亚其他国家的现象。另外，印度作为一个新兴经济体，同样人口众多资源丰富，释放出的市场和人口红利也吸引日韩将合作对象转离中国。

近 20 年以来的中日韩合作秉承先易后难的原则，容易的问题基本都已解决，剩下的都是敏感的难题。三国敏感问题集中在历史问题和领土问题之上，这些问题并没有因为三国经贸合作的增加而有所解决，在某些领域还有反复甚至激化的趋势。

日本近年来右倾化明显，安倍政府在过去的“正常国家论”基础之上进一步提出“建立自豪的日本”的观点，具体包括：第一，尊敬日本皇室，尊重日本传统文化；第二，制定符合新时代的新宪法；第三，守护独立国家的主权和名誉，实现外交和安全保障；第四，为教育改革注入力量；第五，武装自卫队以保障日本安全和世界和平。这样的立场，使日本在历史和领土问题上采取强硬立场。日本政府将每年的 2 月 22 日定为“竹岛（韩国称为独岛）日”，与韩国的领土纷争白热化。日本还在钓鱼岛上修建灯塔和增设兵力，挑起中日摩擦，制造新僵局。在历史教科书和慰安妇问题上，日本也不断发出不能正确书写本国历史的声音，否定慰安妇具有强迫性。虽然，2015 年底韩日达成了《韩日慰安妇协定》，以日本出资设立援助基金的方式补偿慰安妇的损失。然而，由于韩

① 数据来自日本经济通商产业研究所网站，www. rieti. go. jp。

日协定的达成仅是政治驱动而并非两国真正和解的结果，2018 年初该协定已经遭到韩国的否定。

中韩之间也存在潜在的历史和领土争议。在高句丽历史问题上，中韩存在分歧且并未达成共识，处于搁置争议的状态。所谓“间岛”（韩国人对图们江以北，海兰江以南的中国延边领土的单方面擅自称呼，包括延吉、汪清、和龙、珲春四县市，中国从未使用过“间岛”一词）问题、苏岩礁问题也曾被韩国民间拿来做过文章，其中苏岩礁属于未浮出水面的潜在争端。就两国的民间舆论环境来看，中韩渔业协定、航空识别区等问题，随时也可能成为两国发展合作关系的阻力。虽然，中韩两国在这些问题上采取了冷静克制的态度，但是却并未完全消除隐患。这些问题冷处理的背后，一方面是因为合作带来的巨大利益，另一方面也是因为韩国实力不足和共同对抗日本右倾化的现实需要。然而，未来的合作一旦涉及这些敏感领域，中韩直接相邻的地理位置将使海洋权益纠纷变得更为复杂。另外，在半岛统一的框架之下，历史和领土问题还有进一步激化的可能。

多轨竞争是推进独立三国合作的又一障碍。目前的中日韩合作可以在不同机制中展开，从全球来看，有 WTO 框架内的三国合作，从地区来看，有东盟“10+3”、亚太经合组织、区域全面经济伙伴关系等机制内的三国合作。多种合作机制的存在，弱化了中日韩三国单独合作机制存在的必要性。

WTO 虽然在多哈回合谈判受阻，但仍是全球多边贸易机制的龙头，贸易体量占全球贸易总量的95%以上，其下形成的“无差别待遇”“最惠国待遇”“国民待遇”“透明度”“贸易自由化”“市场准入”“互惠”“对发展中国家和发达国家及地区区别对待”“公正平等地处理贸易争端”等原则奠定了全球国际贸易秩序的基础。WTO 原本就是对传统封闭式双边和多变自由贸易协定的矫正，为开放型的国际贸易提供平台。中日韩三国的经贸合作，很大一部分在 WTO 内就可以解决，并可以促使要素资源在更广泛的范围内实现有效配置。

在地区层面，东盟“10+3”、亚太经合组织、区域全面经济伙伴关系相互联系，也存在交叉与竞争。东盟“10+3”是中日韩合作的发端和主要平台，2005 年进一步发展出“东盟+中日韩印澳新俄美”（“10+8”）18 国组成的东亚峰会，2011 年由“东盟+中日韩印澳新”16 国组成的区域全面经济伙伴关系自贸区建设开始谈判，这些都成为分解中日韩合作的因素。2014 年亚太经合组织提出“亚太新愿景：创新、互联、融合、繁荣”的主题，《APEC 互联互通蓝图 2015—2025》，为经贸合作以外的多议题合作提供了可能，为中日韩的双边和多边磋商提供了平台。中日韩合作机制与平台的多元化拓展了合作的渠道与空间，但也带来了以下挑战：其一，与欧洲等其他地区合作模式不同，东亚的地区合作历来秉持开放性和舒适度原则，机制对合作行为的约束较为松散，同样也并不能对中日韩合作产生较大的推动和规范作用；其二，合作的多机制并存意味着参与合作的行为体多、认知上分歧大，从而分散了中日韩合作的领域与焦点。事实上，中日韩相当多的合作领域与议题未必与东亚其他地区同步；其三，在多种机制中，域外力量的介入有时会加大中日韩分歧而使合作受阻。

（二）推动中日韩合作的对策

面对环境、动力、议题、机制等方面的挑战，在中日韩合作推进的问题上，我国需要顺势而为，在理念、战略、政策上有所作为。在理念上，需要提炼三国合作的新型地区合作理念；在战略上，应多管齐下，积极推动三国合作的新模式；在政策上，可从具体问题出发，形成三国合作的有效对接机制。

区域合作，理念先行。中日韩合作面临着新的形势，需要新的理念。

当中日韩之间由于产业趋同而加剧贸易竞争时，当日韩对相对发展较快的中国充满警惕时，需要在三国合作理念上有所创新，寻找中日韩合作的理念最大公约数。

就中日韩的相关合作理念来看，“命运共同体”可为其最大公约数。就日本来看，1994 年提出创建“东北亚共同体”和“亚洲共同体”的设想，2002 年提出“东亚共同体”构想，并提出了“友爱”（博爱）以及“自立与共生”作为“东亚共同体构想”的思想基础和“开放的区域合作”原则。就韩国来看，1998 年金融危机后金大中极力倡导“东亚一体化”理论与实践，1999 年又提出中日韩创建“东北亚经济合作体”构想，2004 年在经济实力快速增长的背景下，卢武铉提出了“东北亚均衡者外交”战略与“和平繁荣政策”，2009 年李明博提出基于超越东北亚面向全亚洲的“新亚洲构想”，2013 年在东北亚不稳定因素增加的背景下，朴槿惠提出了东北亚国家构建信任关系为基础的“东北亚和平合作构想”。就中国来看，2013 年推出“亲诚惠容”的周边外交新理念，首倡“人类命运共同体”，提出坚守“正确义利观”，2014 年提出“共同、综合、合作、可持续”的亚洲安全观，2015 年又提出“打造周边命运共同体”的理念。

因此，未来的三国合作需要凝练一个具有战略前瞻性的“共同体”理念。这个共同体理念，既要考虑到中日韩的共性，又要照顾到中日韩的差异性，为促进三国的相互理解、信任和合作贡献提供智力支持。

现有的中日韩合作有三轨：一是中日韩合作框架下的合作；二是中日韩双边合作；三是东亚、亚太区域框架的合作。因此，中日韩合作是一个开放型的多重机制，出于复杂的原因，三国很难建立起紧密型的区域合作机制，就连东盟方式也难以实现。在此情况下，要针对三国合作中已取得的成果和面临的挑战，扬长避短，综合统筹布局，创新三国合作模式。

三国合作的新型模式可以是“命运共同体”理念下的多平台和多形式的务实构建，也就是说，灵活多样，务实见效。既包括继续推进三国框架下中日韩自贸区建设，东亚平台上的区域全面经济伙伴关系建设，也包括利用“一带一路”、亚投行等开放性的地区合作机制；既包括中央政府间的合作，也包括地方政府间的合作；既包括政府合作，也包括民间合作；既包括非传统安全合作，也包括传统安全领域的合作；既包括经济政治合作，也包括社会文化合作，推动三国间的“五通”建设。即便因为政治原因高层合作暂时停顿，其他合作也要继续推进。

中日韩三国政策的目标不一致和内容不协调，是阻碍三国合作进程的症结所在。日韩因经济合作利益的分配而担忧中国对自身产生威胁，又因缺乏安全机制而倚重与美国的军事同盟关系。在此情况下，需“求同存异”，寻求利益共同点，构建三国合作的有机对接机制，以共商、共建、共享为原则，以功能性合作为基选择点，逐步扩大合作的范围。

除了继续推进原有的中日韩领导人会议、中日韩经济和产能合作论坛、中日韩青年会和平论坛、中日韩经贸合作论坛、中日韩文化产业论坛、中日韩公共外交论坛等以外，要提升中日韩三国合作秘书处的功能，发挥其在合作规划、合作议程设计，特别是构建对接机制方面的作用。中日韩领导人会晤机制的恢复有助于推动三国合作的深入发展，在新的形势下，中日韩加强合作无论对于东北亚，还是东亚，以及亚太地区都有着重要的意义。

论二战后韩国的戏剧

刘　霞*

摘　要　朝鲜战争结束后的韩国社会混乱复杂，为韩国剧作家提供了创作温床。虽然老一辈剧作家还是积极创作爱国和反共的理念剧，大众剧也处于较低水平，但众多新世代剧作家的登坛却给剧坛带来了新活力。新世代剧作家们的作品主题多样，包含了战后社会的废墟性、人民悲惨的生活以及种种社会变化和矛盾，此外，他们用积极创新、探索和实验的精神，对传统写实主义进行了修正，尝试新的戏剧写作手法，将西方戏剧和戏剧理论翻译介绍到韩国，极大地促进了韩国戏剧的发展。

关键词　韩国战后文学　韩国戏剧　新世代剧作家　柳致真　车凡锡　任熙宰

韩国的战后戏剧是指20世纪50年代至60年代初，韩国文坛出现以反映朝鲜战争和战后韩国社会为主题的戏剧作品。韩国学界对战后戏剧的研究起步于20世纪80年代，直到20世纪末，对战后戏剧的研究主要

* 刘霞，哈尔滨理工大学荣成学院讲师，山东大学东北亚学院博士在读。

集中在对内容的考察和对主要作家的研究①。进入21世纪以后，战后戏剧相关研究成果逐渐增多，研究范围也逐渐扩大，出现了多角度、深层次的研究，其中包括作家论、作品论以及作品所反映出的战后家庭问题、都市问题、爱情问题等方面的研究。另外，对作品中所运用的写实主义、存在主义等创作手法的研究也取得了不少成果②。但在中国学界有关韩国战后戏剧的研究几乎无人涉及。鉴于此，本文拟对韩国战后戏剧进行较为系统的梳理和评价，并指出其在韩国戏剧史上的地位和意义。

一、韩国战后社会与剧坛

持续三年的朝鲜战争在物质上和精神上都给韩国社会带来了巨大的

① 21世纪前的研究成果主要有：［韩］石泳熙（音译）：《战后戏剧的内容考察——以1955—1959年的作品为对象》，《睡莲语文论集》1990年第1期；［韩］金玉兰：《1950年代戏剧中体现的战后世代的现实意识》，《汉阳语文》1995年第1期；［韩］吴英美（音译）：《韩国战后戏剧的形成与展开》，汉城：太学社1996年版；［韩］郑善洙（音译）：《吴泳镇剧本研究》，淑明女子大学硕士论文，1996年；［韩］朴明镇：《战后戏剧中的都市体验面貌考察》，《语文研究》1998年第2期；［韩］金性希：《1950年代韩国戏剧中的家庭问题考察》，《韩国演剧学》1997年第1期；［韩］郑浩顺（音译）：《车凡锡的现实主义戏剧研究》，《韩国剧艺术研究》1998年第1期；［韩］李亨宇（音译）：《吴尚源研究》，京畿大学硕士论文，1998年；［韩］洪昌洙（音译）：《对战后世代爱情主题戏剧中反伦理性的研究》，《韩国演剧学》1998年第1期；［韩］朴明镇（音译）：《韩国战后戏剧的谈论与主题构成》，汉城：月印出版社1999年版，等等。

② 进入21世纪以后，韩国较有代表性的战后戏剧研究成果主要有：［韩］李源在（音译）：《车凡锡戏剧研究——以初期写实主义戏剧为中心》，诚信女子大学硕士论文，2001年；［韩］张慧媛（音译）：《韩国战后戏剧研究——家庭的解体和复原》，东国大学硕士论文，2002年；［韩］尹谨善（音译）：《柳致真戏剧研究》，汉城：演剧与人间出版社2004年版；［韩］赵美英（音译）：《战后南北韩戏剧中的女性人物研究》，庆熙大学硕士论文，2004年；［韩］金性希：《通过谈论分析理论看到的战后戏剧和战后社会风景》，《民族文学史研究》2004年第3期；［韩］徐恩英（音译）：《尹大星戏剧的主题和时间空间研究：以初期戏剧为中心》，高丽大学硕士论文，2006年；［韩］权斗炫（音译）：《战后戏剧的明朗和忧郁》，东国大学硕士论文，2008年；［韩］郑美贞（音译）：《车凡锡战后戏剧研究》，高丽大学硕士论文，2009年；［韩］赵瑞岩（音译）：《1950年代戏剧中的女性形象研究》，首尔大学硕士论文，2011年；［韩］朴明镇（音译）：《1950年代战后戏剧中的存在主义样相》，《韩国文学研究》2013年第2期；［韩］李成贤（音译）：《战后写实主义戏剧及其龟裂样相》，《韩国剧艺术研究》2013年第3期，等等。

影响。战争结束后，在政治方面，李承晚实行独裁统治，反共意识和亲美意识在全社会深深扎根。在经济方面，战争使生产力大幅后退，经济极度凋零，政府力求依靠美国的援助来恢复经济并实现经济结构的调整，因此，经济体制指向美国式自由经济和市场经济，与此同时，农村经济的全面没落和难民大量涌入城市导致了急速膨胀的“城市化”现象。在社会方面，各种问题和矛盾在战争结束后纷至沓来，战争导致百万人流离失所[①]，骨肉离散，众多家庭遭到破坏，昔日在战场上拼杀的军人无家可归或者无法适应产业化的发展，人民生活悲惨。在文化和思想方面，战后的废墟使人们思想虚无，独裁统治和反共宣传盛行，新旧世代间的矛盾日益激烈，各种西方思潮的涌入导致人们价值体系的混乱。

可以说，战后的韩国社会是一个混乱复杂的社会，政治独裁、经济萧条、社会矛盾复杂，且这个社会又在不断地发生变化，市场经济在成长、产业化在发展、大众文化在形成，这样的一个社会有机体正是作家进行创作的摇篮。

20 世纪 40 年代之前，韩国剧坛上主要存在民族主义现实派、社会主义现实派、商业剧派和新剧派，且各个剧派都有一定程度的发展。但在 1939—1945 年日本殖民统治最黑暗的时期，韩国戏剧被迫走上服务日本的耻辱道路。光复初期，戏剧界又分化为左翼和右翼，左翼剧作家积极进行创作，右翼剧作家作品非常匮乏，但朝鲜战争的爆发使剧坛的活动终止了。

1953 年朝鲜战争结束后，韩国的戏剧文学开始重新活跃起来。这一时期的戏剧文学状况可以概括为：老一辈剧作家的反共意识形态剧以及大众剧都处于较低的水平，但新世代剧作家的涌现使战后戏剧呈现了多样化的主题和素材、新的手法及新鲜的实验性，为以后的戏剧发展做了

① 参考《大韩民国统计年鉴》，韩国内务部统计局，1955 年版，第 212—213 页。

充分的准备。

这里的老一辈剧作家是指在朝鲜战争之前就登上剧坛并发表作品的剧作家，代表人物有柳致真、金镇寿和金永寿等。他们亲身经历过战争之前尖锐的意识形态对立，所以在朝鲜战争结束之后，他们把战争的起因归结到意识形态问题上，积极创作宣传反共和爱国的理念剧。老一辈剧作家中成果最多的是柳致真，在这一时期他的创作有两种类型，其一是宣扬爱国思想的历史剧，如《处容之歌》(1953 年)、《伽倻琴的由来》(1954 年) 和《死六臣》(1955 年) 等；另一类是标榜反共意识形态的宣传剧，主要包括《痛哭》(1952 年)、《我也要做人》(1953 年)、《青春与祖国同行》(1955 年) 等，这些作品都是直接以战争为主题的。此外，这一时期，他还发表了部分描写人性问题和战后社会矛盾的《姊妹》(1955 年)、《绿色圣人》(1955 年)、《为何战斗》(1957 年) 和《汉江在流淌》(1958 年) 等作品。除柳致真之外，这一时期比较受关注的老一辈剧作家还有金镇寿等，金镇寿在战后发表了《火堆中》(1954 年) 和《儿子们》(1958 年) 等剧作品。老一辈剧作家的作品带有极强的理念性，即使是描写战后人们的痛苦，也将这种痛苦的根源归根于战争和北部共产主义。

大众剧主要是指“乐剧”和“唱剧”等大众剧团演出的戏剧，这些剧团在战时恶劣的环境中存活下来，演出活动一直持续到 20 世纪 50 年代中期，但是这些剧都带有明显的商业剧性质，以一般大众的喜好为标准，基本停留在低级情节剧的水平，没有可以称得上文学作品的优质剧本。

新世代剧作家则是指在战争结束后通过《新春文艺》或各文艺杂志的推荐登上剧坛，开始发表作品的新人剧作家，主要有车凡锡、任熙宰、河有祥和朱萍等。他们与老一辈剧作家有着不同的生活经历和文坛经历，面对战后的现实，他们做出了与老一辈剧作家不同的反应。他们之中发表作品最多的是车凡锡，他在该时期发表的作品主要有《密酒》（1955年）、《归乡》（1956年）、《无敌》、《不毛之地》、《四等车》、《计算器》、《空想城市》、《花败之前》（1958年）、《我要活下去》（1959年）以及《山火》（1962年）等，此外，其他作家作品还有任熙宰的《寄留地》（1954年）、《无许可下宿屋》（1955年）、《伏天》（1956年）、《贾来》（1956年）、《吃花瓣活着的机关车》（1956年），吴尚源的《生锈的铁片》（1953年）、《里像》、《残像》（1956年），吴学荣的《鸡的意义》（1957年）、《生命像合唱一样》、《花与十字架》（1958年）、《深渊之桥》（1959年），朱萍的《寒风地带》（1959年），李根三的《伟大的失踪》（1963年）以及河有祥的《女儿们讴歌自由恋爱》（1957年）等。与老一辈作家的作品不同，这些作品一般不直接以战争为题材，而主要是描写战后社会中存在的问题，如人的存在、人性的泯灭、悲惨的生活、价值观的混乱、新旧世代间的矛盾、家庭的破裂、爱情问题以及产业化带来的种种矛盾等，但这些主题也都是和战争息息相关的，它们的共同点在于分析战争给韩国人带来的创伤，揭露和反映战后社会的不合理现象，表现对战争、理念和历史的否定意识。

值得注意的是，这一时期女流剧作家出现并创作出了优秀的作品，如朴贤淑的《女囚》（1958年）、《抗辩》（1959年）、《寻找爱情》（1960年）、《出发》（1963年）和金兹林的《飓风》（1957）等，她们用女性作家所特有的细腻及感伤主义手法来描写战后韩国社会中女性的悲惨生活，与此同时，她们还创作了部分直接讨论分裂问题的作品。从一定意义上讲，这增加了战后戏剧主题的多样化。此外，该时期，部分小说，如《无影塔》等，经过改编后也登上了戏剧舞台，很多外国剧作品也被翻译介绍并上映，对韩国的戏剧界产生了很大的影响。

总之，在朝鲜战争结束后，老一辈剧作家们积极进行创作，同时剧坛上也出现了前所未有的新人辈出的情况，女性作家初登剧坛，外国戏剧也被大量吸收，整个剧坛呈现出积极活跃、欣欣向荣的景象。

二、韩国战后戏剧的主题

战后剧坛上存在着不同的创作主体，他们的作品主题多种多样，基本上可以归纳为爱国和反共理念、战后废墟和悲惨生活以及社会的变化和矛盾三类。

（一）爱国和反共理念

老一辈剧作家亲身经历了战争之前意识形态的尖锐对立，所以他们把战后悲惨的社会现实和战争的起因归结到意识形态问题上，积极创作宣传爱国和反共思想的理念剧，柳致真是创作此类作品最多、水平最高，也最具有代表性的作家。

《元述郎》[①] 是柳致真在战争之前创作的历史剧，以新罗和唐朝之间的战争为背景，描写了金庾信的儿子元述郎多舛的命运。其大体情节如下：朝鲜三国时期，新罗依靠唐朝援军灭掉高句丽和百济，统一了朝鲜半岛，后来，唐朝皇帝要求新罗返还高句丽和百济，新罗不从，便爆发了战争。这时，大臣金庾信的二儿子——18 岁的元述郎替父出征，结果败给唐军，士兵带着元述郎的盔甲回到新罗，金庾信以为儿子勇敢地战死沙场，感到骄傲和自豪。但后来元述郎活着回到新罗，看到儿子活着归来，父亲愤怒地将儿子逐出家门。被赶出家门后，元述郎和一个叫作金达莱的女子相好，并靠做苦工维持生计。后来，元述郎听到父亲病重的消息回家探望父亲，但由于父亲的坚持，走到家门口的儿子未能进门，父亲死后，元述郎也未能祭拜。两年之后，新罗与唐之间又爆发了战争，

① 《元述郎》是柳致真在战前 1950 年发表的作品，之所以分析这部作品，是因为它集中代表了柳致真 50 年代历史剧的特点，而且对韩国战后的历史剧产生了一定的影响。

元述郎带领新罗军队大败唐军，并割下了唐军将领的头颅。新罗国王为褒奖元述郎，让他做新罗的驸马，但元述郎谢绝了赐婚。得知此事的金达莱为了元述郎的将来，决定投井自杀，但最终出家为尼。后来，元述郎与金达莱相遇，两人重续前缘，并离开京城到乡村生活。

在这部作品中，作者突出了每个出场人物的爱国思想，金庾信（包括其妻子）看到儿子活着回来，表现的不是出于父子之情的高兴，而是由对祖国之爱而生的愤怒，立即拔剑要砍儿子的胳膊；金达莱听到国王赐婚给元述郎，做出的决定不是出自男女之情的气愤和反对，而是为了国家而选择自杀；元述郎在两次战争中表现出英勇的气魄，这些都是爱国思想的体现。这样，作者就用浪漫主义的手法将护国、父子之情及男女之情上升到了更高的层次上。这种爱国理念性和浪漫主义共存的两面性倾向持续到了柳致真战后的作品中。爱国理念在战后的反共代表剧作品《青春与祖国同行》中、浪漫主义在战后历史剧《伽倻琴的由来》中都得到了很好的体现。

宣传反共也是老一辈剧作家战后戏剧中的共同特点，有些剧直接以战争为题材，如《痛哭》《我也要做人》《青春与祖国同行》等。同时，老一辈作家也描写战后社会的废墟以及人们的悲惨生活，如在《汉江在流淌》中，主人公在战争中被炮弹碎片击中而失去了乳房，虽然她等来并见到了自己的未婚夫，但这时的她在精神和肉体上都已经不能恢复为一个正常的女人，所以她拒绝了未婚夫的求婚，选择了自杀。

（二）战后废墟和悲惨生活

朝鲜战争是民族内部手足相残之战，它使整个韩国变成了废墟，无法计数的家庭破裂，数百万人流离失所，全体国民都变成难民或孤儿，不仅如此，战争还带给了人们无法治愈的精神创伤。因此，在战后，无论是老一辈、新一辈还是女流剧作家，都毫无例外地描写着战争留下的废墟和战后人们的悲惨生活。家庭的崩溃、失去亲人的痛苦、贫穷和生存、悲惨的女性，这些都是战后戏剧中常见的主题。柳致真的《姊妹》《绿色圣人》《汉江在流淌》，新世代剧作家车凡锡的《我要活下去》，任熙宰的《伏天》《贾来》，吴尚源的《生锈的铁片》《残像》《鸡的意义》，朴贤淑的《女囚》和金兹林的《旋风》等都是如此。

但是，在这些同样是描写战后悲惨社会现实的作品中，我们却能发现两种截然不同的态度。一种是面对现实所表现出的无力和绝望，另一种则是在绝望中仍然怀着希望，坚定地生活下去的意志。这两种态度都可以从战后戏剧代表人物任熙宰的作品中得以体现。

任熙宰在战后第二年以单幕剧《寄留地》登上剧坛，之后又连续发表了《无许可下宿屋》《伏天》《贾来》等单幕剧和一部多幕剧《吃花瓣活着的机关车》，之后成为专门的电视剧和电影剧作家。虽然他的戏剧作品只有六部，但是作为战后登坛的第一位现实主义剧作家，他的剧作真实地描写了战争留下的伤痕并从比较肯定的层面上描写了战后人们的生活。

他有两篇描写战后无家可归的难民生活的作品——《伏天》和《贾来》，但两部作品表现出的态度却大相径庭。《伏天》的时间是战后梅雨季节里的中伏这一天，人物是从北部来到南部的一群难民，地点是市长家和难民露宿的地方。戏剧开始是在市长家中，家里的牧羊犬吃了被鼠药毒死的老鼠后死掉了，一家人的心情都很糟糕。这时候，难民们来访，要求市长解决生存问题，因为他们临时生活的木板房因为市政府的计划被强制拆除，梅雨一来，他们没有住处，也没有食物。难民们多次到市长家求助，但直到最后一次，他们也没能得到市长的帮助，生存问题没有得到解决，只是得知之前总是咬他们的牧羊犬死掉了。事实上，被鼠药毒死的老鼠是难民们故意扔到市长家的，死掉的牧羊犬最终被埋在山上。戏剧最后，市长的孩子们得知牧羊犬真正的死因，气冲冲地来到难民露宿的地方，却发现，这些难民因饥饿把那只牧羊犬挖出来吃，都因中毒而奄奄一息。最后，整部剧以市长子女们背着难民冲向医院的画面结束。

《伏天》这部剧的氛围是忧郁和绝望的，而在此之后发表的另一部同样题材的戏剧《贾来》却表现出了与之截然相反的态度。

《贾来》的主题也是难民生活。故事的地点是政府为难民搭建板房而提供的一片郊外的荒地，描写的是男女主人公贾来和黄珠为了一块地基而展开的争斗。两人都是在战争中从北部逃到南部来的难民，男主人公原来是一个渔民，女主人公则是卖酒妇。故事的结局是充满希望的，为地基而争斗的男女主人公之间产生了爱情，最后男主人公正式向女主人公求婚。

除了这部作品之外，《吃花瓣活着的机关车》以及吴尚源的《残像》等作品也具有同样的积极倾向，虽是描写战后悲惨的生活，但作者积极展现着主人公生存的欲望和努力。

（三）社会的变化和矛盾

战后剧坛的主力军是年轻的新世代剧作家，他们在二十几岁时亲身经历了战争并初登剧坛，与老一辈剧作家相比，他们最大的特点就是作品主题不只局限于战争，而是着力描写不断发生着变化的战后社会以及这个有机体中存在的种种矛盾和问题。

在这一方面，最具代表性的是车凡锡。车凡锡是战后戏剧家中作品最多的一位，1954 年受到老一辈写实主义剧作家柳致真的推荐以《密酒》登上剧坛，因此，他从登坛开始就是写实主义忠诚的信奉者，并在之后的创作过程中一直坚守着写实主义，立志要“再现社会和现实的声音"[①]。当然，社会和现实的声音不仅包含现在，还包含与现在相关的过去，所以他的作品中也会出现硝烟密布的战场，但更多的是战后的社会及各种社会问题，如文明发展导致的人性丧失、人的疏远、爱欲的矛盾、政治的虚伪以及新旧世代间的矛盾等。他的作品往往能够尖锐地发现别人所未能发现的问题，《归乡》《我要活下去》《四等车》和《计算器》等都是很好的例子。

《归乡》和《我要活下去》集中描写了战后退伍军人和劳务人员归乡的问题。《归乡》的主人公崔尚基和《我要活下去》的主人公韩圭在战争期间分别是劳务人员和军人，战时离开家庭，为祖国奋斗。战争结束后，他们都要回到自己的家，而他们归乡的结果却都是绝望。《归乡》的主人公崔尚基在战争的四年间没能与家人联系，这期间，他的妻子和丈母娘难以忍受贫穷和饥饿，只好托身于面[②]事务所的朴主事[③]，崔尚基的妻子虽然没有与朴主事结婚，但已经怀了朴主事的孩子。实际上，朴主事早已有家室，他的妻子柳氏得知朴主事和崔尚基妻子的关系后大发雷霆，找到崔尚基家中，当天正值八月十五，在院子里和村子其他妇女一起跳强羌水越来[④]的崔尚基妻子被柳氏打死。而崔尚基就在这时回到家中，他四年间一直想念的故乡和家园最终变成了令自己绝望的地方。

如果说崔尚基在回到家的瞬间绝望了，那么《我要活下去》的主人公韩圭回家本身就是件绝望的事情。家中的父亲、妹妹和妻子在得到他要回家的消息后，都在做迎接他的准备。虽然家里已是极度贫穷，但妻子和妹妹还是准备了很多东西来迎接他。兴高采烈的两人没有接到韩圭而失望地回到家中，正在这时，在战争中失去了一条胳膊和一条腿的韩

① ［韩］车凡锡：《写什么，怎么写》，《现代韩国文学全集 9》，汉城：新丘文化社 1996 年版，第 498 页。

② 面，韩国行政单位，相当于中国的乡或镇。

③ 主事，韩国行政职位名称，为六级公务员。

④ 强羌水越来，韩国妇女们玩的一种民俗游戏，一般在中秋节玩，意在感谢赐予丰收的神。

圭回到了家。作品中，虽然韩圭自己说要活下去，但是等待他的却是只能让贫困的家庭雪上加霜的事实和被社会歧视的命运。

在硝烟弥漫的战场上拼杀的军人和为战争服务的劳务人员，在战争时期，他们都是铮铮铁骨，是一个“人”，但当战争结束，他们回到自己拼死保卫的家乡时，现实却让他们失去了作为战后社会成员——“人”的基础，当然，让他们从“人”变成“非人”的罪魁祸首还是战争。

战后社会中产业化、商业化等文明的发展带来的社会矛盾也是车凡锡关注的问题。产业化的发展使使用价值变得不再那么重要，而事物的交换价值却扩大到极限。《四等车》和《计算器》集中描写了这一社会现象。

戏剧《四等车》讲述的是夜间列车上发生的事情。其实，列车是没有四等的，四等车是指三等车和卧铺车的连接处，这里有去军队探望儿子的老妪，去城里卖鸡蛋的商人和因生活困难而要将自己没断奶的孩子送到孤儿院去的少妇，他们都连买三等车票的钱也没有，只能在寒冷的冬夜，挤在这“四等车”里。他们在一起聊天，抱怨生活的困苦。最后，没有孩子的商人和要去送孩子到孤儿院的少妇因相互的需要做了笔交易，商人用自己做买卖的本钱一万韩元来交换这个孩子，可是当少妇接过这一万韩元之后却抱着孩子逃跑了，而整部剧也在商人说出那一万元韩币是假币后落幕。

这里值得注意的是作品中这个孩子被赋予的交换价值，对于孩子的妈妈来说，孩子并不是作为自己骨肉的这种使用价值，而是作为能与一万元韩币相交换的交换价值而存在。当然，少妇可能只是不想让自己的贫穷延伸到孩子身上而已，但是从剧中可以看到，这个女人假装卖孩子而骗人的行径已经不是第一次，在以后也可能会重复。这部剧所表现出的交换价值重于使用价值的道理是资本主义社会的基本特征，因此，作家想要表达的也正是资本主义经济的发展给下层民众带来的苦难，这一点在其同一系列的作品《计算器》中也可以得到确认。

战后社会新旧世代间的矛盾，也是新世代剧作家所关心的主题，写作这一类作品较多的剧作家是河有祥，其初期（20 世纪 50 年代至 60 年代中期）作品的主题基本都是新旧世代间的矛盾和下层群众的悲惨生活。《女儿们讴歌自由恋爱》《年轻一代的白书》和《微风》都是这一类的作品。

但值得注意的是，河有祥作品中的新旧世代差异与在他之前的其他作家作品有着明显的区别。在 50 年代之前的韩国戏剧中，作品中的老一辈人都是儒教式人物，新旧间的矛盾也就是新式文明和儒教传统间的矛盾，但河有祥作品中的老一辈却都是去日本留过学或者已经接受了新文化的人。比如在《女儿们讴歌自由恋爱》中，父母也是经过新式婚姻而结婚的，作品中的新旧矛盾不在传统婚姻与新式婚姻之间，而是在选择配偶的标准问题上，也就是两代人价值观的矛盾。而在作品的最后，父母最终尊重了孩子的意愿，三个女儿都和自己所爱的人结婚了，可以说，作品虽然是描写两代人之间的矛盾，但最终的焦点是放在新一代人身上的。

三、韩国战后戏剧的特点

韩国戏剧经历了 20 世纪 40 年代至战争结束之前的低潮之后，在战后重新活跃起来。年轻的新世代剧作家的登场和西方思潮的传入，使这一时期的戏剧出现了许多新的特点，这主要表现在写实主义的修正、新的探索和实验及外国剧翻译的增多等方面。

（一）写实主义的修正

战后戏剧文学最大的成果便是对写实主义的修正。早在 30 年代，写实主义就登上了韩国剧坛并一直占据着重要的地位，韩国也出现了像柳致真这样的写实主义剧作大家。但是到了战后，剧作家对写实主义的看法产生了变化。之前，写实主义剧作家只将登场人物的行动、思考、化妆及舞台设置等与现实的相符性以及事实因果关系的合理性视为写实主义的真理，而这一时代的写实主义剧作家则为了提高作品的现实感，勇敢地吸收了许多非实际、非逻辑性的戏剧要素和方法，这种积极的态度使得韩国写实主义戏剧迎来了它的修正期。

在新方法的引用上，李容灿的作品《家族》（1958 年）是很好的例子。这部作品使用了蒙太奇式手法[①]，就是根据事态和意识变化的需要，在剧作品中选择性地加入或罗列场面的手法。作品的主题是父子关系，父亲是日本殖民地时期亲日、战后国会议员选举中两次落选的出世主义者，已经到了结婚年龄的儿子则是一个缺乏家庭责任感、不能适应工作、优柔寡断、没有理想的人。有一天，儿子因为自己的不健康心理将借给父亲高利贷的人从楼梯上推下，致其摔死。在作品的最后，父亲知道了借贷人的真实死因，因一时难以接受这个打击而去世。在这部剧中，矛盾关系似乎非常简单，但是作者真正想要刻画的却是微妙的父子关系，这包括了父亲的活动对儿子人格和心理成长所造成的巨大影响、父亲对儿子的期待、儿子对父亲的不满、父子间微妙的爱憎关系、父子关系对其他家庭成员的影响以及父子在男性心理上的主导权斗争等。整部剧共有 34 幕，而这 34 幕并不像之前的写实主义剧作品那样单纯地按照现实中事件展开的顺序来安排，而是根据需要时而回到过去、时而回来现在，

---

① 蒙太奇（montage）原为建筑学术语，意为构成、装配。后被延伸到戏剧、电影等艺术领域，可解释为人为地拼贴剪辑手法。蒙太奇是俄国导演普多夫金根据美国电影之父格里菲斯的剪辑手法延伸出来的，然后艾森斯坦也提出了相关性的看法。普氏认为两个镜头的并列意义大于单个镜头的意义，甚至将电影理解为镜头与镜头构筑并列的艺术，认为是远景的使用和大量特写的连接能够造成心理、情绪与抽象意念的结果。艾森斯坦则受俄国辩证性哲学思维的影响，认为镜头间的并列甚至激烈冲突将造成第三种新的意义。简单来说，在描述一个主题时，将一连串相关或不相关的镜头放在一起，以产生暗喻的作用，这就是蒙太奇。

甚至有时在灯光的配合下将过去的一幕一幕轮番上映，以表达主人公内心思想的转换。可以说，这是在叙事手法上的一种革新，也是对写实主义的反思，是对写实主义戏剧的修正。

这种修正不只出现在新世代剧作家的作品中，在老一辈作家的作品中也有体现。写实主义剧作大家柳致真在这一时期对自己之前三十余年的写实主义创作进行了修正。1956 年 6 月，他赴欧美进行了为期一年的戏剧考察，这次考察成为其戏剧创作方法变化的契机。1958 年上映的作品《汉江在流淌》，通过复杂的舞台设置及照明、音乐，将 22 个场面快速转换。并通过部分照片和整体照明的方式自然地转换场景，通过音乐和舞台的使用来营造作品的氛围，这也是一种蒙太奇式手法的运用。

战后戏剧中占据最大比例的是写实主义剧作，而这些新手法的使用则正是战后写实主义戏剧所取得的最大成果，同样的例子在战后戏剧中还有很多，如李容灿的《帽子》（1958 年），柳致真的《姊妹》，车凡锡的《不毛之地》《发怒的机器》等。

（二）新的探索和实验

战后，部分新世代剧作家批判传统的戏剧形式和方法，进行了新的探索和实验。这为 20 世纪 60 年代韩国现代戏剧的发展提供了历史基础，意义非常重大。

吴尚源在《里像》和《残像》等战后戏剧作品中对人和生活的本质提出了质疑。《残像》详细地描述了一个曾经富有、幸福的家庭被战争伤害后的残像。父亲在战争中死去；读大学的长子从军后在战争中受伤，成为残疾人后回到家中，具有很高学识的他因感到学识的无用和人道主义的背叛而陷入极度的虚无主义甚至耻笑宗教援助；二女儿和三女儿因交不起学费而休学；长女一直等待从军打仗的丈夫归来，并靠做针线活来养活一家人，是家里唯一赚钱的人，但母亲和二女儿改不掉从前奢侈生活的习惯，这让大家的生活更加困难。最终，长女接到国防部送来的丈夫战死的消息，也陷入了绝望，而三女儿只能在十字架下祈求宗教援助。这部作品不仅像其他的战后戏剧一样描写和刻画了战后家庭的破裂和悲惨的生活状况，同时还提出了“真正的生活是什么”这样一个存在主义性的问题以及在怀旧主义、虚无主义、现实指向和宗教救援的矛盾中“我到底是谁”和“应该怎样生活”等问题。从这一层面上来讲，《残像》与单纯描写战后社会废墟和人民生活的作品有着质的不同，它具有更深的存在主义意义和一定的现代性。

吴学荣的三部曲也同样是一种存在主义式的探索，这三步作品是围绕同一个主人公——年轻画家展开的。在第一部戏《鸡的意义》中，在战争中腿受伤的年轻画家因与家人不和（家人对自己的绘画不理解，反对父亲强制性地把女儿嫁给有钱人）而离家出走。第二部《生命像合唱一样》描写了离家出走的画家在一个小画室里以女模特为对象进行创作的生活，这一部的矛盾出现在女模特将怀孕的事实告诉画家的那一刻，女模特想要结婚，而画家不肯，最终女模特在两人的争吵中摔死。在第三部《花与十字架》中，作家描写了因杀人罪入狱的画家在监狱中所经受的内心矛盾和挣扎，在死刑之前他反省自己过去的行为，最终认识到了爱情和生命的珍贵以及对家庭的责任。在这一部剧中，舞台上出现了画家“我”、画家内在的良心和知性的“自己”以及他意识中的女模特等形象，这是对西方表现主义（Expressionism）[①] 的尝试运用。同时，作

① 表现主义（Expressionism）是20世纪初至30年代盛行于欧美一些国家的文学艺术流派，首先出现于美术界，后来在音乐、文学、戏剧以及电影等领域得到重大发展。在创作上，不满足于对客观事物的摹写，要求进而表现事物的内在实质，要求突破对人的行为和人所处的环境的描绘而揭示人的灵魂，要求不再停留在对暂时现象和偶然现象的记叙而是展示其永恒的品质。它在诗歌、小说和戏剧领域都产生了一批有影响的作家和作品。表现主义戏剧内容荒诞离奇，结构散乱，场次之间缺少逻辑联系，情节变化突兀，生与死、梦幻与现实之间没有明确的界线。多用简短、快速、高声调、强节奏的冗长的内心独白来表现人物的思想感情。同时也大量运用灯光、音乐、假面等来补充语言的效果。代表人物有瑞典的斯特林堡、德国的托勒尔、美国的奥尼尔、捷克的恰佩克、英国的杜肯、衣修午德以及爱尔兰的奥凯西等。

者以存在主义为基础，试图来完成一部哲学剧，以引起读者哲学层次上对存在、爱情、自由和责任的思考。比如在第一部中，画家在反对父亲时说："即使是在极其艰难的情况下也要懂得反抗，这才是活着的意义，无论在哪儿，我都是我!"，而所谓"鸡的意义"是指鸡抵抗黑暗并期盼黎明曙光的精神。最后一部中画家和自己良心的对话也是极具哲学意味的。这种哲学剧的探索的确是前时代所没有的，是战后戏剧出现的新特点，但不能否认的是，带有哲学意义的台词泛滥一定程度上影响了观众的观看欲望。

战后戏剧中还有很多作品带有新探索和实验的意义，如李真淳的《火烟》、韩路檀的《战有花》、朴鲁洪的《凤仙花》和朱萍的《寒风地带》等。

韩国战后戏剧创作积极接受西方戏剧的手法并进行新的实验和探索，除了与当时特殊的社会历史背景有关之外，与韩国文学发展的阶段也有一定的关系。韩国的近现代文学在经历了浪漫主义、现实主义的漫长时代后，作家们产生了强烈的变革和创新意识，要求文学的艺术原则、手法、风格更加多样化，于是，人们很容易把目光转向积极进行艺术实验、创新的现代主义文学。结果，战后文学形成了继 30 年代韩国接受西方现代主义文学风潮之后的又一次高峰。①

（三）外国戏剧的译介

韩国剧坛在战后出现写实主义的修正及新的探索和实验与这一时期外国剧翻译的增多有着无法割裂的关系。

韩国接触外国文化是从开化期开始，但是韩国一开化便沦为日本殖民地，因此从开化到光复期间，韩国只是通过日本这一个窗口来接受和

① 牛林杰：《韩国的战后小说》，《山东师范大学外国语学院学报》1999 年第 1 期。

理解外国文化。且由于日本殖民地文化政策的压制，韩国在这段时期所接受的外国文化都是日本化、歪曲、变质了的外国文化。戏剧也是如此。而光复后到朝鲜战争结束前的这段时间，由于生存条件的恶化、政治理念的尖锐对立和社会价值体系的混乱，正常意义上的戏剧翻译活动基本上是不可能的，因此，这一时期，仅有屈指可数的几个英文学家和大学生们翻译了几篇外国戏剧，且水平也比较有限。

这种情况在朝鲜战争结束后发生了很大的变化，这一时期，很多的西方戏剧和部分中国戏剧被翻译并搬上韩国的戏剧舞台，同时，西方戏剧理论也被介绍到韩国，这对该时期韩国戏剧的发展起到了一定的影响作用。

这一时期，西方存在主义剧作家美国尤金·奥尼尔的《榆树阴下的欲望》（朴性浩译，柳致真演，1955 年；李海浪演，1956 年），美国威廉斯的《欲望号街车》（朴寅焕译，柳致真演，1955 年），《热铁皮屋顶上的猫》（朴寅焕译，李海浪演，1959 年）和《玻璃动物园》（朴寅焕译，车凡锡演，1959 年），美国阿瑟·米勒的《推销员之死》（吴华燮译，金圭大演，1957 年）以及美国比利·威尔德的《我们村》（金甲顺译，1959 年）等被译成韩文并在韩国上映。这些作品的上演对该时期韩国写实主义的修正起到了巨大的推动作用。

除此之外，这一时期被翻译介绍到韩国的西方戏剧还有法国埃德蒙·罗斯丹的《大鼻子情圣》（孙宇声译，李真淳演，1958 年），英国弗雷德里克·诺特的《电话谋杀案》（吴华燮译，李海浪演，1956 年），美国玛格丽特·米切尔的《飘》（李源庚改编，李真淳演，1956 年），匈牙利费伦克·莫纳的《利力姆》（李光来译，1958 年）和英国威廉·萨默赛特·毛姆的《坚贞的妻子》（梨花女子大学英语学会译，1959 年）等。

同时，这一时期，中国戏剧也开始登上韩国戏剧舞台，中国写实主义话剧名作——曹禺的《雷雨》在 1946、1950、1951 年在韩国演出后于

1954 年又一次成功演出，吴若的《人兽之间》（金光洲译，金东园演，1955 年）和秦瘦鸥的《秋海棠》（1953 年）等被译成韩文并改编成剧本在韩国上演。

此外，在戏剧理论方面，金声翰的希腊悲剧论、权重辉和崔载瑞的莎士比亚论、异河润的爱尔兰戏剧论、金宗文的艾略特论以及吕石基的奥尼尔论等也都发表于这一时期。

四、结论

战后的韩国社会是一个混沌、复杂的社会，政治独裁、经济不安、社会矛盾复杂。在这种形势下，戏剧作家积极地进行创作，对变化的社会现实做出了文学反应。老一辈剧作家还是热衷于创作爱国和反共的理念剧，大众剧处于较低的水平，但众多新世代剧作家的脱颖而出给剧坛带来了新的活力。战后的剧作家们用创新和探索的精神积极全面地描写着社会现实，剧作品的主题包含了社会的废墟性、人民悲惨的生活、家庭的崩坏、新旧世代间的矛盾、产业化的发展等各个方面，不仅主题多样，而且还带有积极创新、探索和实验的精神，这一时期的作品对传统写实主义进行了修正，实验了新的戏剧写作手法，同时西方戏剧、中国戏剧和戏剧理论也都被翻译介绍到韩国，极大地促进了韩国戏剧的发展。虽然这些新的探索和创新仍处在兴起阶段，还不够深入，实质性的成果也不够多，但不可否认的是，这些仍是朝鲜战争之后戏剧所取得的巨大收获。

总之，朝鲜战争之后的韩国戏剧不仅客观地反映了战后韩国社会的复杂状况，还对传统的戏剧手法进行了创新，在很多方面进行了积极的探索，为接下来的 20 世纪 60 年代韩国现代戏剧的发展奠定了良好的基础。

井上靖作品与日本传统美意识*

张体勇**

摘　要　井上靖是一位享誉世界文坛的日本作家，这不仅是因为其精湛的小说写作技巧，更是由于他为数众多的文学作品中所隐含的典型东方文学意蕴。井上靖在长期的文学创作实践中，始终立足于日本文学传统，将物哀、幽玄和自然美意识完美地融入作品之中，而这也构成了井上文学的主题基调。

关键词　井上靖　美意识　物哀　幽玄　自然审美

在日本现代文学史上，井上靖是颇负盛名的巨擘。他为日本现代文学的发展，做出了不可磨灭的业绩。井上靖的文学功绩，主要在于他在现实主义的基础上，继承日本文学的优秀传统，赋予作品以强烈的民族气质，而且，博采现代各流派的手法。他的小说既重视叙事，又注重心理分析，既有浓厚的时代色彩，又有诗的素质，创造了抒情与叙事相结合的崭新文学视域，形成作家本人独特的艺术风格。

“任何一位作家要取得文学上的成就，都要植根于本民族的土壤，批判地继承本民族文学的优秀传统，并善于吸收外来的文化，融合在民族传统之中。”① 井上靖的艺术实践也证明了这一点。他不但借鉴外来的文

* 本文所引用井上靖原著作品文字如非特别标注均为笔者所译。

** 张体勇，山东大学东北亚学院讲师。

① 卢茂君：《井上靖的中国题材历史小说探究》，吉林大学博士论文，2008 年 5 月，第 21 页。

学形式，更重视发扬本民族的文学传统精神，成功地使两者融汇于自己的文学创作之中。

对于文学创作与传统继承的关系方面，井上靖有个人的深刻见解，他认为“民族文化的独特性最浓郁地集中反映在该民族的文学上，可以说，文学状态是文化独特性的投影，由一个国家的文学，能容易地把握历史所形成的文化特性与民族传统，若要理解不同国家的文化，接触该国文学是至关重要的。各个时代的日本文化清晰地成像于日本文学，其中能寻出堪称民族传统的脉络，这正是表现日本文化特点的东西，是产生文化的人的心灵问题”①。

一

日本学者吉田精一在《日本文学的特点》一文中说：“除了中国，日本比之任何近代文明国家都保持着古老悠久的文学传统。”日本作家川端康成也曾深有体会地说：“我们的文学虽然是随历史文学潮流而动，但日本文学的传统却是潜藏的看不见的河床。”② 日本文学在悠久的历史发展过程中，逐渐形成了日本民族独特的审美意识，“物哀”精神成为民族的传统美学理念。

“物哀”一词，最初发源于日本古代文献《古事记》《日本书纪》，是源于“真实”的一种对于万物神祇的共同感动，具有原始性和率直性。而至《万叶集》之后，逐渐由国家的、民族的、集团的感动过渡到个人的感动，是一种单纯的怜爱的咏叹，表达内心“优美纤细的怜惜之情”③，其被赋予了比上代更为明显的文学意识。进入平安时代后，随着紫式部

① 井上靖：《日本文学》，长春：吉林人民出版社，1983 年第 3 期，第 1 页。

② 川端康成：《日本文学》，长春：吉林人民出版社，1983 年第 3 期，第 112 页。

③ 叶渭渠：《日本古代文学思潮史》，北京：经济日报出版社，1996 年版，第 116 页。

的物语论、清少纳言的随笔论和藤原公任歌论的渐次演进和展开，“物哀”作为当时文学思潮的主流，成为贵族日常生活中必不可少的美学意识，其自身亦逐渐走向发展成熟。

而将“物哀”作为日本的美学概念明确提出并给予论述的是江户时代的日本国学家本居宣长。本居宣长认为，《源氏物语》乃至日本传统文学的创作宗旨、目的就是“物哀”。他在《〈源氏物语〉玉小栉》指出：“在人的种种感情中，只有苦闷、忧郁、悲哀……也就是一切不能如意的事才是使人感受最深的。”本居宣长将“物哀”及“知物哀”分为两个方面，一是感知“物之心”，二是感知“事之心”。所谓的“物之心”主要是指人心对客观外物（如四季自然景物）的感受，所谓“事之心”主要是指通达人际与人情，“物之心”与“事之心”合起来就是感知“物心人情”。同时，他又极力反对把“哀”的美理解为“悲哀美”，认为悲哀只是“哀”中的一种情绪，“凡高兴、有趣、愉快、可笑等这一切都可以称为‘哀’。”在此基础上，后人对“物哀”做了更具体的阐释。久松潜一将“物哀”分为感动、调和、优美、情趣和哀愁等五大类，他认为其中最突出的是哀愁[①]。铃木修次认为：“物”指“感动人的对象”，“其为自然、人、人造物皆可”，而“凝视对象而产生的悲欢”即为“物哀”[②]。这样“物哀”不仅包含了悲哀、悲惨、悲伤的含义，而且还有哀怜、怜悯、感动、感慨、同情、壮美的意思。简而言之，可以说“物哀”是一种心与形、主观与客观、自然与人生的契合，它表现出一种优美而典雅的情趣，具有悲哀的意蕴。

叶渭渠先生在《日本古代文学思潮史》一书中对“物哀”概念的范畴做了如下阐述，“从《源氏物语》的整个题旨联系来看，‘物哀’的思想结构大致可以分为三个层次。第一层次是对人的感动，以男女恋情的

① 久松潜一：《日本文学评论史》，东京：至文堂1986年版，第191页。
② 铃木修次：《中国文学与日本文学》，东京：东京书籍1978年版，第95页。

哀感最为突出。第二个层次是对世相的感动，贯穿在对人情世态包括作者所说的‘天下大事’的咏叹上。第三个层次是对自然的感动，尤其是季节带来的无常感，即对自然美的动心。”① 他同时指出，“本居宣长所提出的‘知物哀论’对人性及人的自然欲求的肯定，实际上也是对人性真实、人情本位的肯定，但是他在确立文学的审美价值主体的同时，却否定了文学的社会价值，将‘知物哀’局限在恋爱感情的层次上，而无视紫式部‘物哀’论所包含的对世相的感动。”在日本美学传统和本居宣长理论建构的影响下，此后的日本文学更多地强调“哀”——悲哀的一面，而有所忽视“物”——壮美的一面，正如日本著名作家川端康成在《不灭之美》一文中指出：“在日文里，悲哀与美是相同的词”，因此，“物哀”其本质就是“悲哀的美学”②。“悲哀就是对美之毁灭的感触”③，是对生命之有涯的悲剧意识，构成了日本人审美意识的基调。偏于直观性和情绪性思维的日本人是多愁善感的，自古以来，日本的文艺作品无不带有悲哀的韵致，具有伤感的情调，大多数日本作家在创作实践中更是有意识地贯彻这种美学思想，偏重于捕捉最感人心灵的悲哀情绪，如川端康成、谷崎润一郎等莫不如是。同许多日本现代作家一样，井上靖继承了日本文学“物哀”的美学传统。他的许多作品不仅蕴含着历史的沧桑感，还有一种诗意的抒情和淡淡的哀伤。这一切无疑都与日本传统“物哀”意识和传统文化观念息息相关。

再见　再见——不知名的一群群候鸟，掠过碧蓝的天空，它们给最后一群的最后一只留了口信：明年十月，如果有缘，还在这里相见吧。

① 叶渭渠：《日本古代文学思潮史》，北京：经济日报出版社 1996 年版，第 116 页。

② ［日］川端康成：《川端康成全集》，东京：新潮出版社 1991 年版，第 28 卷，第 380 页。

③ 梅原猛：《古典的发现》，东京：讲谈社 1997 年版，第 158 页。

> 再见　再见——剩下的只有疏勒河白色的微波，仰望着无际的天空。已经没有任何生物的遗迹了。或许所谓的别离，一切都是这样本该存在的吧。
>
> ——井上靖：《别离》

诗歌《别离》通过对候鸟、河流等自然风物的拟人化描写，表现出对季节更迭、万物萧瑟情境的感伤，进而感慨抒发岁月如斯、人生无常的淡淡愁绪，整首诗字里行间充盈着一种浓浓的“物哀”意绪，由此反映出井上靖诗人的敏锐感知力、丰富的诗歌想象力以及对“物哀”等日本传统审美意识的深刻理解。不仅仅是诗歌，诗化语言和审美情趣同样也自然地融入井上靖的小说创作之中，然而井上靖在“物哀”理念的表达方面不仅止于对自然的描写和感悟，更多的是通过对人与人之间的情感心灵的交流以及人世沧桑的“寂照静观”来进行深度阐释。

> 赵行德感到女子现在的悲伤不知不觉渗入了自己的身体之中了。分别时，女子摘下自己脖子上戴着的两条项链中的一条，默默地送到赵行德手里，露出娇弱柔情脉脉的笑容。赵行德握过女子的手，马上离开了她，走出了小屋。女子手上那股清凉的感觉，一直留在他那粗糙的手掌里。赵行德每当想起那位姑娘，就会感到心如刀割，自己的手掌里仍会感到握别时她那纤手上的凉意。
>
> ——井上靖：《敦煌》

“多情自古伤离别”，小说《敦煌》中赵行德与回鹘王女的别离虽然没有才子佳人“执手相看泪眼”那般的凄楚，然而在两人故作轻松的简单动作和表情中更加能够深切地感受到两人强忍心中的悲哀和离情，而对留存在赵行德记忆中“凉意”的描述则更表现出一股纤细的淡淡的哀感。

井上靖历史小说的创作主题之一是在历史的长河中探寻人类奋斗的足迹和永恒的精神，而与人类行为渺小、生命短暂相映照的无疑正是历史的宏大与沧桑，世事变迁、沧海桑田，成为感怀兴叹的永恒主题，“人生代代无穷已，江月年年只相似”，光阴似箭，感人生之易逝；朝代兴废，叹世事之无常。在对沧桑世事、悠远历史的咏叹中，亦能体会到历史渺远的兴味，悲叹人之生也有涯的苍凉，触发深刻的“物哀”审美感应。

> 这时，行贺的心里忽然感到了一种充实，如同悠长岁月的幻影般的渺茫空寂之感，他紧闭双目，沉浸在这种感觉之中。
>
> 他感到心里装满了什么东西似的，它既像是行贺在唐土多年体验过的黄色沙粒，又像是扬子江里流淌的浑浊的江水。行贺深为自己无法把现在的心情告诉别人而感到焦急。他继续闭着眼睛，仲麻吕和清河两个人的身影便自然而然地浮现在他的眼前，他还想起了分别后再也没有听到过消息的仙云。突然，行贺感到眼前朦胧起来。（中略）笼罩在人们头上的庄严的气氛，刚才还在他眼前的这一切印象都迅速地失去了焦点，变得模糊起来了。行贺热泪盈眶，大滴大滴的泪珠顺着脸颊往下淌，他却不去擦拭，只是任它流着。
>
> ——井上靖：《僧行贺的辛酸泪》

这是小说《僧行贺的辛酸泪》中的一段文字，描写了留学僧人行贺在唐土度过三十一年异国生活后回到日本在奈良兴福寺接受佛法教义质询时的表现，面对主持僧人的训斥，在异国他乡数十年如烟的往事浮上心头，过往的人与事，自身亲历的世事变迁，数十年的岁月风霜，一去不复返的青春韶华，都化作此刻这位年迈老僧眼中的滂沱热泪、心中的痛切哀感。

> “胡人！”顽童的叫声让班超停下了脚步。他才知道，胡人这个词是称呼自己的。三十年的异域生活使他变得像一个老胡人，大漠黄沙改变了他的皮肤和眼睛的颜色，孤独的岁月从他身上夺去了汉人固有的从容稳重的神情。
>
> ——井上靖：《异域的人》

“儿童相见不相识，笑问客从何处来。”与贺知章的无奈相比，文中班超的处境无疑具有更强烈的悲剧性色彩，在异域数十年的尽心竭力、守土卫疆，然而在回归故国后，发现“胡人风气和胡人习俗引人注目，出售西域物产的店铺比比皆是”，这使得班超感到“自己在西域的辛苦以一种奇怪的形式充满洛阳城内”，“年年战骨埋荒外，空见蒲桃入汉家”，班超纵横沙场以求平定夷狄，换来的却是夷狄文化的东渐，自己也成为乡人眼中的“夷狄”。当从异域再到“异域”，当三十年明月羌笛中的故国之思突然变为一种“熟悉的陌生”，笼罩着主人公的唯有人生淡淡的孤独与悲凉。故事到此已然凄凉，而小说最后据史书记述道：“永初元年六月，汉朝放弃西域，再次紧闭玉门关，此时，距班超殁后已有五年。”主人公舍弃一切、毕生为之奋斗的雄图伟业瞬间化为虚无，作家从这种过程与结果反差强烈的对比叙写中表现出在历史长河中人类行为必然的悲剧性，从而使作品展现出一种苍凉的历史哀伤美感。

二

“幽玄”一词，最早散见于中国古典文学之中，而最早的用例出现在《后汉书·皇后纪下·灵思何皇后》中：“逝将去汝兮适幽玄”，此处的“幽玄”是指黄泉的意思。梁武帝时诗人王筠《回师草堂智者约法师碑》中的“究竟微妙，洞达幽玄”，用于直说事物的本质。初唐四杰之一的骆宾王有“自言少小慕幽玄，只言容易得神仙”的诗句，这里的“幽玄”指的是道教的世界，而唐末禅僧临济义玄的言行录《临济录》中的“佛法幽玄”则是指的佛教世界。在日本，有关“幽玄”的说法最早见于最澄的《一心金刚戒体诀》中的“得诸法幽玄之妙，证金刚不坏之身”，空海《般若心经秘键》中有“释家虽多未钓此幽，独空毕竟理，义用最幽玄”的说法，此二者都是强调佛法的趣旨深奥，与《临济录》中的含意相似。

与在中国对“幽玄”的阐发逐渐式微相比，“幽玄”作为一种独特的审美意识在日本萌生，其最早发源于日本古代和歌和歌论。公元十世纪末期《古今和歌集》中的和歌作品中，便贯穿着空寂的幽玄思想，它以生活的不如意为基础，蕴含着由于生活诸多层面的种种失意所产生的情调。古今歌人时常移情于自然，通过自然来表现自身的空寂。例如，逸名歌人的歌曰，“秋夜露水格外寒，草中虫鸣甚空寂”，僧正遍昭的歌曰，“空寂人在树下停，不能长荫叶飘零”，两首和歌皆从虫、叶等自然物的“空寂”而至人的“空寂”，都是表现秋之情境中人在哀伤、苦恼和忧郁时所表露出的空寂情绪，具有幽玄的象征意义[①]。另外，《古今和歌集》的真名序将空寂的幽玄引入歌论，提出“兴入幽玄”论，由此

① 叶渭渠：《日本古代文学思潮史》，北京：北京大学出版社 1996 年版，第 186 页。

"幽玄"作为一种艺术批评的标准得以确定下来，而此后的许多歌论亦多引用空寂的幽玄之说。应该说，这里的"幽玄"是情绪性的，与人的精神、感情相联系，是以"感动的心"作为基础的。

此后，藤原定家在《每月抄》中将幽玄体列在十体之首，提出"有心论"，确立了"幽玄"文学意识的最高地位。起到承前启后作用的是室町时代的歌论集《正彻物语》，作者正彻以幽玄作为咏歌的最高理想，以禅的精神深化了前代歌论者的"幽玄"和"有心"的理论，他强调了幽玄的"有心"，也就是引进了禅的"心中万般有"的精神，不仅在于人"有心"，连自然也"有心"化，这样幽玄就带有一种奇异的缥缈感，一种无边无尽的广袤。由此可见，文学作品中的朦胧之美和余情之美构成了"幽玄"的美学内核，"境生象外"旨在追求一种以"神似"的精约之美①，引发欣赏对象的联想和想象，传达出丰富的思想感情内涵。

总而言之，在日本的中世文学中，"幽玄"被广泛应用于诗论、歌论，以概括日本中世艺术的特质，表达作品中的象征之趣、韵外之致，但因时代不同内涵亦有所不同，有平淡之美、妖艳之美和静寂之美之分②。"幽玄"作为中世文学颇有代表性的审美思想，在和歌、连歌、谣曲中表现得尤为繁复多彩。到了近世，俳句的清寂古雅，使"幽玄"更具淡远超逸之趣。川端康成在《发扬日本的美》一文中写道："平安的优雅哀婉，固然是日本美的源流，但是也还有镰仓的苍劲、室町的沉郁、桃山、元禄的华丽，递传而下，一直绵延到引进西方文明一百年后的今天。"③

相对中国文艺思潮传统中的主流"格调"精神而言，日本人的艺术

① 叶渭渠：《日本古代文学思潮史》，北京：北京大学出版社 1996 年版，第 116 页。

② 谭晶华：《川端康成文学的艺术性社会性研究》，上海外国语大学博士论文，2008 年 5 月，第 65 页。

③ ［日］川端康成：《川端康成全集》，东京：新潮出版社 1991 年版，第 28 卷，第 433 页。

意识比较倾向于言外有余韵或余情。总的来说，日本人自古以来就喜爱内涵隽永、余韵悠长之作，作者通常爱用易于表达情意的文体，偏爱具有象征性、玄妙性、朦胧模糊且难以确切捕捉的语汇，并以此作为典型的日本美来看待①。

> 有一天，普照到写经堂去，见大批僧侣正在伏案写经。他在一旁坐下，好久不肯离开，回想起长安的禅定寺、扬州的禅智寺，以及洛阳的大福先寺和许多今天已记不起名字的洛阳郊外的小寺院里，业行驼着背伏案写经的姿影。
>
> 从普照所坐的一角中，越过廊下望见一个小院，那儿有一棵山茶花树还挂着几朵迟开的花。室内很黑，花的颜色显得特别殷红，又想起在阿古奈波岛高地上最后一面的业行来。业行曾经喃喃地说过，内圈撒二十五朵鲜花，象征二十五位菩萨。那时他确实说过山茶花。他想到这里，马上有一种既非悲哀、也非愤怒的激情猛地涌上他的全身。他站起身来，悄然地走出了经堂。
>
> ——井上靖：《天平之甍》

在历史小说《天平之甍》中，井上靖描写因眼前之境而思远人，借景生情，情由境生，思往事之渺远，叹故人之先逝。经堂的“动”，山茶花的“静”，二者都唤醒了主人公对故友的深深哀思、对已逝岁月的追怀，同时主人公微妙复杂的情感亦通过能够动人心弦的“情境”得以充分展现，通过这种心物合致、情景交融的朦胧意象和境界表现出一种缥缈空寂的情外之韵。

① 谭晶华：《川端康成文学的艺术性社会性研究》，上海外国语大学博士论文，2008 年 5 月，第 69 页。

释迦本尊面露微笑，仿似包容一切，左右随侍的迦叶阿南敛目低眉、神态安详，两尊菩萨微微躬腰静立、表情寂然，似在观人间悲苦，世事沧桑。恍惚中，仿佛听见悠扬的胡乐声从洞窟四周透壁而出，飘散在薄暮的静寂之中。

——井上靖：《千佛洞点描》

散文《千佛洞点描》以平和细腻的文字叙写，实现了从现实的视觉感受到虚幻的听觉感知的转换，虚实相兼、亦真亦幻，描绘出一派宁静祥和的佛国氛围。以虚幻朦胧的胡乐声引领人们从现实的空间上溯百代、思接千载，展现出一种静寂中余韵悠长的沧桑美感。

登上城墙眺望，罗布泊的湖面非常平静，犹如一匹青练。含有浓重盐分、稍有风吹便波涛汹涌的湖面今天竟然如此平静，这更使人们惶恐不安。近岸的湖面呈碧色，随之远去则变为深蓝。从城墙上看去，北面的湖岸上是绵延不断、一望无际的密林地带，几乎都是白杨，其间也有满是柽柳和其他灌木的地带，形成一片不同颜色相间的天然织锦。南面的湖面则是生长茂盛、无边无际的芦荻之类，几条河流注入其中，但是这些河道均为芦荻覆盖，不走到近前就看不见。

此后的两日之间，楼兰完全是一座无人之城。这两日间，楼兰看起来猛然衰老了几十年。这也是因为大风狂吹，筑起的地基塌陷，所有街巷中都积满了灰一般的细沙。并且整个城邑带有一种废墟之相，看起来大为减色。

——井上靖：《楼兰》

《楼兰》是一部历史小说，但更像一首诗，一首大漠孤烟、长河落日般美丽凄艳的西域史诗。上述引文前一段描写了楼兰人离开故土前要告别的生命之湖——罗布泊的秀美风光，而后一段则是人去城空后楼兰城的衰败之象及罗布泊的变化。精致细腻的景物描写突出了生命之湖——罗布泊的静寂之美，令人心向往之，余韵悠长；而楼兰人被迫迁移后留下的城池则是一派凋敝，尽显苍凉和寂寞，"湖面黄浊，细浪喧嚣"的罗布泊的"不安"更预示了楼兰人有国难回、有家难归的不幸命运。与之相似，井上靖在另一首诗歌《精绝国的死》中亦以淡淡的笔墨描绘了一个民族背井离乡的凄凉和悲楚：

> 和平之国——精绝，在某一天，突然被宣告了死亡。尼雅河断流，泉水停涌，运河干涸。人们离开了这即将消逝于沙漠中的城市，排起长长的队伍，向南部有水的地方进发。骡马悲鸣骆驼叫，而人群只是默默的。突然，不知谁喊："不准向后看。"
>
> 是啊，不向后看，是那时最重要的事。那渐行渐远的、人们曾长年居住过的地方啊，已经变成了一片废墟，孤魂野鬼的栖所。而那一轮如血的落日，亦将此燃烧成一片赤红。
>
> ——井上靖：《精绝国之死》

落日、孤城、长长的驼队、充满对故国无限眷恋与不舍的人群，宛如一幅清晰的图画，而浩荡长空、无边大漠、未知的命运、故国的凋敝，近景与远景的交织，意境的悠远深邃，催发洒落的幽玄、余韵之美，使读者产生无尽的遐思和淡淡的虚无之感。

> 年轻的女人突然遇难，爱她的人们给她穿上寿衣，运到平

缓的山丘上，直到遥远的后代唤醒她为止，一直长眠安息了近两千年。脸部的皮肤硬如羊皮纸，但五官和面部的轮廓经过漫长的岁月仍然没有改变。她横卧着，几乎根本没有凹陷的眼睛紧闭着，嘴唇周围还洋溢着历经几个世纪仍然没有消失的微笑，使这一神秘的存在愈益增加了一层可爱的诱人的魅力。然而她却不向我们吐露过去的秘密，以及一直带到墓地来的楼兰的丰富多彩的生活，还有湖边萌发的春绿，和关于乘着轻盈的小舟沿河旅行的回忆。

——井上靖：《楼兰》

在井上靖的笔下，神秘的已然沉睡千年的“楼兰美女”栩栩若生，由死之宁寂想到其生之灵动，生之短暂而灿烂相较于死后的沉寂千年，亦真亦幻，虚实相间，难以分清何者是真何者是幻，或许正如川端康成所言，“生来死去都是幻”，生时刻处在死的包围中，而死则是生无尽的延伸，通过幻觉、想象来探寻那曾经或清丽或妖艳的美丽生命，而通过对其生的追怀探求其死的永恒寂灭之美。

三

日本是个四面环海、四季分明的国度，季节的变化带来了自然万物形态和色彩的变化，而这种不断变化的自然形态促成了日本民族对自然变化的敏锐而细腻的感知心理，因此，日本人对身边的自然事物和景象投注了更多的关注。正如日本著名画家、散文家东山魁夷所言，“对于以农耕生活为基础的民族来说，不用说季节的变迁与生活有着密切的关系，同时，接受自然的恩惠而生活的意识也很浓。特别是对身处丰富的自然环境中，经常满怀深情来观察四季变化状况的人们来说，对自然产生亲切感是理所当然的。”① 然而，季节更替，花开花谢，大自然的一切都是转瞬即逝的，自然万物的形式与色彩都是暂时性的存在，自然风物的随季荣枯，不仅造就了大和民族悲物悯人的悲悯情怀，而且启动了他们生命体验中那种虽与自然风物同根同源却不能同体同归的无常感和哀伤感。日本作家德富芦花在一篇题为《春天的悲哀》的散文中把这一点表述得更加鲜明，“投身在自然的怀抱里，哀怨有限的人生，仰慕无限的永恒”。

日本民族自古以来就有以自然风物来感悟人生、体察人情的思维传统，简言之即“自然风物之情思”。东山魁夷在《美的情操》一书中亦特别强调：“春天萌芽，夏天繁茂，秋天妖娆，冬天清净——我们日本人早在佛教传来以前，不就已经在观察这种大自然的变迁的世故，并且切肤地感受到人的生死宿命及其悲喜了吗？而且这种感情在其后时代的日本人心中都继承下来了，仿佛是刻印在日本人的心中似的。”② 正是因为对自然的依恋和感悟成为日本民族情感表述之基底，因此，在作为人学的文学中，人与自然也毫无疑问成为其永恒的主题，“人与自然”的主题可以说一直贯穿于其文学艺术创作之中，而在长期的创作实践中又启悟着作家和艺术家对此命题进行着恒久的探索和思考。日本古代经典《源氏物语》中有这样一段话，“四季风物之中，春天的樱花、秋天的红叶都可以赏心悦目，但冬夜明月照积雪之景，虽无色彩却反而沁人心脾，令人神游物外。”春天樱花绚烂之绽放与凋零，引发人生无常世事幻化之感；秋日的黄昏，则又兴起辽阔高远、寂寞伤悲之情；一片落叶、一声蛙鸣都能予人以妙悟与美感，因此，这种对事物瞬间灵趣之捕捉，对自然精微透彻之观照，以及对自然无常和易逝的心理感受之把握的带有日本民族特性的自然审美意识逐渐成为日本文学和艺术的共同特征。

自然审美意识可以说是世界观的重要组成部分，一个民族的独特的

① 东山魁夷：《日本散文精品》（陈德文译），昆明：云南人民出版社 2001 版，第 702 页。

② 东山魁夷：《日本散文精品》（陈德文译），昆明：云南人民出版社 2001 版，第 699 页。

自然观势必向这个民族的其他意识形态渗透，而这些意识形态的交互作用所聚结的影响力，甚至可以决定一个民族的审美情趣[①]。而对于一个作家来说，除去个人成长经历和学术素养，其自然审美意识的形成与本民族的传统自然观是密不可分的，抑或可以说其正是作家审美意识形成的重要基础。因此，对日本民族传统自然观的整体把握无疑是追本溯源之举。

由于长期处于古代东亚文化圈古代中国文化输出的影响之下，加之日本传统的“稻作文化”国情以及民族生活习俗的综合因素，日本民族的自然观更多的是呈现为一种融合性文化概念上的自然观，具有很强的传统文化色彩和独特的表现形态。

大自然是生命的象征和崇拜，是生命的超越与救助，也是日本民族美学意识的宝库和源泉。日本民族的美学意识大多源于大自然，也由大自然的风物所规定、所影响。在他们看来，自然就是美的本源、美的蓝本、美的极致，一句话——自然即美。从自然风物来感悟美，从观察自然万物的生长状况就很容易积淀为审美意识。“审美意识基本词语中最重要的概念都是来自植物的，诸如静寂、余情、冷寂等，也尤多与植物由秋到冬的状态有关。”[②] 正是在这个意义上，日本文化才被称之为“象征的文化”，自然风物成为文化的象征。

可以说，自然美构成了日本民族美意识的基底与主体。日本民族不仅特别看重自然风物的审美属性，而且还把这种自然主义的美学观贯彻到人生其他领域，亦能在人与自然之间构建一种纯粹的审美关系作为自己民族的性格追求和文化理想。

---

① 谭晶华：《川端康成文学的艺术性社会性研究》，上海外国语大学博士论文，2008 年 5 月，第 74 页。

② 谭晶华：《川端康成文学的艺术性社会性研究》，上海外国语大学博士论文，2008 年 5 月，第 78 页。

日本民族关于自然的独特思考，潜移默化地影响着井上靖本人的自然审美观，因此井上靖本人的自然审美观必然会对其文学创作产生直接潜在的影响。而作为作家本人的自然审美观，不仅是作家对自然所进行的一种审美观照，也是一种表现在人与自然关系方面的深度艺术思维。

井上靖文学中对自然风物的精致点描颇见功力，往往寥寥数笔便勾勒出一幅苍茫烟水，如诗画境，井上靖笔下的自然或轻灵隽永，表现出自然的灵动与气韵，或沧桑劲健，展示出自然万物生生不息的强劲与律动。可以说，作品中对大自然内在灵性和自然唯美的极力展示，无疑正是作家受日本传统自然神灵论和植物美学观的影响而在文学方面的美学表现。不过，井上靖文学中的自然抒描极少局限于单纯客观地再现自然，更多的是将人的情感和深度思考融汇其中，以体现自然风物的情感和意理内蕴，抒写作品人物与自然的相互内在关系。

井上靖笔下的自然抒写，常常通过近远景的拉伸和色彩的溶渗勾画出一幅静态的“图画风景”，以营造特殊气氛，烘托故事情节，表现人物情感。这一点可从所引井上靖《一个冒名画家的生涯》一文中窥见端倪：“墓碑的对面，景致开阔。远处，可以看到几条山脉的山脊绵延重叠；近处，又能看到覆盖在村庄家家户户的一簇簇茂密的树丛，像玩具似的小巧玲珑，分布在平原各处。虽然已是七月时分，却还不是夏天的景色。整幅图景宛似沉浸在溪水底下，显得寒冷暗淡。”文中以原芳泉死后所在的清静疏朗映衬其一生的晦暗，整幅风景画略带着些许的清冷，然而从如此的自然氛围中无疑可以感受到作家对主人公悲苦人生的理解和同情。同样，在井上靖小说《风林火山》中，深深地关爱着公主由布姬的老将勘助在听闻其死讯之后万念俱灰，肝肠寸断，而此时的一段细致的景物描写亦生动地衬托出主人公悲伤、失神的心境：“在这茫茫原野之中，除了勘助自己以外，亦没有一个人影。这冬日正午的阳光微弱无力地散照着大地，被霜打枯萎的杂草丛中，唯有大片大片的芒草那银色的穗不断闪耀着光芒。”

除了真实自然场景的氛围营造，井上靖笔下的风景有时并非真实自然风景而是超越其上的映现在作家心中的理想的“心象风景”。例如小说《弃老山》中作家所描绘的弃老山风景，最初只是一个流传日本民间的虚构地名，但是在井上靖笔下成为一个寂静、荒凉且有着清凉月色映照的世外桃源式的所在，可以说对弃老山的虚构和抒写突出表现了始终贯穿于作家心中的“遁世情怀”，幼年时的“人生风景”和“自然风景”随着岁月的融汇逐渐形成潜藏于心底的包蕴着作家对衰老、死亡的人生思考和人生向往的“圣域”，而这片心中“圣域”亦是与自然紧密相连的，因此，井上靖心中“弃老山”的心象风景同时反映了作家对心中永恒自然的浓浓的“乡愁”。

在井上靖心中还有一处令其难忘的心象风景，那就是“比良的石楠花”，“照片中碧波如镜的湖水映衬着高耸的比良山，洁白的芳香馥郁的石楠花丛丛簇簇，装点着美丽陡峭的山冈”。这是作家早年在杂志《写真画报》上看到的石楠花，后来作家以此为题创作了同名小说，通过这部小说怀念自己的岳父——足利文太郎。身为京都大学名誉教授、解剖学者的文太郎以德文创作了《日本人静脉系统研究》，并在战争期间冒着空袭危险将自己的工作成果以分册的形式寄往国外的图书馆，这种不计回报、贯彻始终的坚强意志给井上靖很大的震撼。而据作家的创作回忆，在创作《天平之甍》时，鉴真的坚强形象与文太郎是完美地融为一体的。“岁岁年年，那高峻山峰上的白色花儿常常浮现眼前。一想到在比良之巅，石楠花丛下，仰对星空而眠的情境，我就像碰触了那说不清是幸运还是不幸的一种逐渐累积的悲伤，不知怎的，人世间任何的绝望，任何的孤独，在那一刻，都变得杂乱而无聊。”“生如夏花之绚烂”，作家心中那矗立悬崖之上傲然开放的石楠花所蕴含的不正是这些人们的坚强意志和为人生而奋斗的无限激情吗？象征着作家心中“遁隐”、“奋斗”意蕴的心象风景，齐齐地指向无限的自然广域，因为无论是“出世”，还是“入世”，自然永远是作家魂牵梦萦的心灵故乡、精神家园。

自然审美观在井上文学中的另一个重要体现便是借自然风物抒发心中感悟，咏叹世事变迁。“远远地看见了海市蜃楼，是一个湖，一个寂静非常、弥漫着晨雾的梦幻之湖。向着湖我驱车行驶了好久、好久，忽然，那个湖在一瞬间变回了原本的森林地带，真是鬼斧神工啊。湖与森林的转换，大自然这个魔法师的手法真是巧妙绝伦。其实，一生中如海市蜃楼般的幻境亦无处不在啊。命运的流转、人生的落差与断层，不都像海市蜃楼一般亦真亦幻、难以捉摸吗？”诗歌《梦幻之湖》中正是以自然为参照物，通过对海市蜃楼梦幻般的诗意抒写表达出对人生无常、世事流转的喟叹。“坐在具有几百年、上一二千年树龄的大树树根上，抬头仰望，自然会联想到人的生命短暂。这不是虚幻的哀伤，而是一种伟大的精神不灭，同大地母亲的亲密交触，从大树流到了我的心中。”① 自然是人类生命的摇篮、最终的归宿，也是人类永恒的精神家园，人类与自然的对话与交流、启悟与思考，贯穿整个人类发展的历史。生死寂灭，转世轮回，与自然的繁盛荣枯交相辉映，大自然是人类的生命力永恒无限的象征，同时也是人生短暂、世事无常的映照。井上靖的笔下，从不缺少时间和空间的宽度和广度，浩瀚的大漠，荒凉的边陲，上溯百年，纵横千载，人类的渺小、人生的短暂，在自然和历史的残酷映衬下愈加显示出人类必然的永恒的悲剧性。“可以认为，人类生命的悲剧意识就是明知必死而求其生，明知生命有限而求其永。人类就是这样首先在生命领域中，同必然法则抗争，企图并敢于超越必然而跨入无限的自由。”日本民族对于这种人类宿命性的“悲哀”同样显示出其独特的民族思维：“既然悲哀是无法回避的，那么悲哀也就是正常的，人就应该主动去承受

① ［日］川端康成：《川端康成全集》，东京：新潮出版社 1991 年版，第 28 卷，第 366 页。

它。”[①] 这种意识无疑同样贯注于井上文学的精神内核之中。正如死亡之觉悟并不等于死亡本身一样，悲哀之觉悟并不等于悲哀本身。有了这个浓重的悲哀意识的时刻警醒，即使生活在被自然之永恒映衬得多么无常、空幻的人世，也会不觉人生之悲，反而会砥砺生命本体产生出强大的迎战痛苦的决心和力量，凝聚成民族强大的生命意志，向着永恒的未来迫近。可以说，正是在这个意义上，井上靖将对自然深刻的审美观照对人生的哲学思辨紧密结合起来，将自然之“物”与人生之“哀”辩证地统一起来，在悲中求其壮，在哀中求其美，融会贯通了日本传统的自然美意识，实现了其在现代文学创作中的完美诠释。

① ［日］川端康成：《川端康成全集》，东京：新潮出版社 1991 年版，第 28 卷，第 397 页。

中国东北亚研究文献计量分析
（2008—2017）

王　玮*

摘　要　从纸质资源和电子资源两方面，系统地搜集中国国家图书馆、中国知网、万方数据库、超星数字图书馆和读秀知识库等电子资源中东北亚研究相关文献数据。采用NoteExpress软件，甄别整理文献题录数据。使用文献计量分析法，探析2008—2017年东北亚研究文献的规律。从论著、责任者和刊载平台三个层面对东北亚研究的三种文献类型（专著、期刊论文和博硕学位论文）进行具体的统计分析。选取文献的年度分布、学科分布、责任者分布、责任者所属机构分布、关键词分布、高影响力论文分布等作为分析指标进行计量分析。根据计量分析结果，理清近十年中国东北亚研究的发展脉络，总结东北亚研究的发展特征。最后概括近十年我国东北亚研究的现状并指出目前东北亚研究存在的不足，并提出有益的建议。以期为我国东北亚研究的发展提供借鉴，推动东北亚研究更好地服务我国经济社会发展。

关键词　东北亚　文献计量　发展特征　建议

* 王玮，山东大学（威海）图书馆馆员，山东大学东北亚研究中心研究员。

一、东北亚研究现状概述

从地理范畴讲，东北亚位于亚洲东北部地区，为东亚所属的二级区域，包括中国的东北地区和华北地区、韩国、朝鲜、日本、俄罗斯的远东联邦管区和蒙古国，即整个环亚太平洋地区①。东北亚地区历来是大国力量交汇、冲突之地，特别是冷战之后，苏联解体，中国复兴，日本走向“正常国家”的努力，还有在该地区有着广泛利益的美国，使东北亚地区的大国关系变得愈加复杂。东北亚的重要地位和复杂局势充分表明了进行东北亚研究的重要性，同时也对国内外的东北亚研究提出了许多重大课题。关于东北亚研究的概念和范畴至今未有统一的意见。本研究认为，东北亚研究包括东北亚地区政治、经济、外交、军事、社会、历史、文化、教育等人文社科的所有领域，有的甚至交叉延伸至环境、海洋等领域。东北亚研究是中国学术界中的重要区域研究领域。近年来，朝鲜半岛核危机引发东北亚局势的动荡，促使东北亚研究内容出现新的热点变化，也为相关专家和学者提出新的研究课题。全面整理既有的中国东北亚研究学术成果，并系统分析中国东北亚研究的发展趋势和特征，就成为该领域研究亟待完成的一大课题。

20 世纪 90 年代开始，国内学者开始对东北亚相关文献进行目录式整理和研究，但汇编的目录专著很少，目前发现的目录有：1998 年，中央民族大学图书信息研究所编、中央民族大学出版社出版的《东北亚地区中国少数民族研究论著目录》，收录了 1949—1995 年东北亚地区涉及的

① “东北亚”，百度百科，https：//baike. baidu. com/ item/%E4%B8%9C%E5%8C%97%E4%BA%9A/ 1154850? fr=Aladdin，2018 年 3 月 2 日登录。

中国部分少数民族论著，属于专题目录①。21 世纪以来，国内的专家学者关于东北亚研究状况发表了一些精彩论述，如中国社科院的林昶发表《中国东北亚研究的现状》（《当代亚太》，2002 年第 4 期），对中国主要东北亚研究机构和团体基本情况进行了统计分析；苏州大学社会学院的姚传德发表《日本的东北亚研究》，对二战后日本的东北亚研究状况作系统的介绍②。

目前已有的相关研究成果为本课题的研究奠定了一定的学术研究基础，但由于既有的研究成果数量较少，为本研究的设计和研究留下较大的空间。本研究的目录部分主要对 2008—2017 年中国国内东北亚研究成果进行目录式整理，按照 2012 年国家图书馆出版社出版的《中国图书馆分类法》（第五版）的学科分类体系和出版发表时间对各类型文献进行整理。本课题的研究分析部分主要依据对目录文献的计量分析数据，对十年间中国东北亚研究的现状和特征做出分析。

本课题选取多学科交叉的研究视角，从文献学和目录学的角度入手进行中国东北亚区域研究，对近十年中国东北亚研究相关文献进行全面系统的整理和研究，其学术价值主要有以下几个方面。第一，创建学术资源共享平台，促进中国东北亚研究的发展。尽最大努力全面系统地搜集和整理 2008—2017 年中国东北亚研究文献，为今后该领域全面深入研究构建相对完整系统、翔实可靠的文献资料库。这项工作既是该领域研究基本建设中根本之举，又是东北亚研究者殷切希望完成的一项研究工作，其学术意义重大。第二，编制中国东北亚研究论著目录，创建中国东北亚研究相关文献资料库，为东北亚研究提供一站式查阅平台，促进东北亚研究的学术交流与合作，第三，全方位揭示中国东北亚研究各学

① 中央民族大学民族图书信息研究所编：《东北亚地区中国少数民族研究论著目录》，北京：中央民族大学出版社 1998 年版，第 5—6 页。

② 姚传德：《日本的东北亚研究》，《日本学论坛》2006 年第 4 期，第 53—57 页。

科领域的研究现状和特征，促使中国东北亚研究不断向更宽领域和更深层次发展。理清东北亚研究的整体发展脉络，有助于客观科学地评价中国的东北亚研究。据上，本研究具有重要的学术价值。

本课题的社会意义主要体现在：第一，全面整理近十年中国东北亚研究文献，并进行目录式汇编，有利于一目了然地呈现中国东北亚研究成果，有利于该领域学术研究成果在东北亚地区传播，有利于深化东北亚地区民众之间相互认识和理解，有利于中国与东北亚周边国家建立友好合作的外交关系，为东北亚和谐区域的构建和区域合作的发展也有积极意义。第二，本研究为大数据环境下的东北亚研究选题提供文献数据依据。文献计量分析数据解析东北亚研究的现状、特征和趋势，以期为东北亚研究者选定研究方向提供借鉴。第三，本研究有利于“双一流”背景下东北亚学科建设工作，东北亚相关文献资料整理将助力东北亚学科的教学和科研工作，为该学科的快速发展提供有力的文献资源保障。第四，本课题有利于东北亚研究科学健康地发展，避免低层面的重复研究，有利于学科交叉发展，提高科研工作的效率，从而推动东北亚研究更好地服务于我国经济社会发展。

二、关于本研究数据的说明

本研究的时空范围限定为2008年1月1日至2017年12月31日中国（包括中国香港和中国台湾）出版发表的中文或朝鲜文或日文的东北亚研究论著，研究文献类型分为东北亚研究相关的学术专著、期刊论文和博硕学位论文。在数据来源方面，从纸质资源和电子资源两个方面着手搜集整理东北亚研究文献。纸质资源主要参考山东大学图书馆和中国海洋大学图书馆的纸质文献，电子资源主要选取中国国家数字图书馆、超星数字图书馆、读秀知识库、中国知网的期刊学术论文库、中国知网和万方数据库的博硕学位论文库作为文献数据来源。

关于数据检索，在以上数据库的高级检索页面选择检索条件“篇名”，分别以“东北亚”“中日韩”作为检索词，限定检索关系为“或者”，限定发表时间为“2008—2017”年，精确检索获取检索数据。其次，导出有效数据的题录信息至 NoteExpress 软件，利用其查重功能，删除重复的文献题录信息。为确保本研究数据的科学严谨性，甄别并删除征稿类、访谈类、通知类和书评类等文献数据。然后，为精选后的有效数据建立中国东北亚研究论著数据库。本研究基于自建的数据库，运用文献计量学方法，从东北亚研究相关文献、相关责任者和出版发表机构等方面，梳理近十年东北亚研究的发展脉络，准确把握东北亚研究领域发展现状和特征，并发现存在的问题和不足。

（一）东北亚专著文献计量分析

一般来讲，相关学科现状的研究主要通过对学术成果、从事研究的科研人员和成果展示平台的统计，解析该学科研究在规模、水平、科研人员和论著等角度的变化情况。为此，要从宏观上解析东北亚研究的现状，就要了解东北亚研究文献在数量、水平、科研人员和刊物等方面的变化情况。本研究采用文献计量分析法，选取东北亚研究的三种文献类型（学术专著、期刊论文和学位论文）出版或发表的年度分布、学科分布、责任者分布、责任者所属机构分布、出版社分布、高被引论文分布、论文关键词分布和刊物分布等指标进行具体分析。

专著因其较高的学术水平，在各种文献中占有非常重要的地位。东北亚研究专著的计量分析根据东北亚学术专著的特点，选取专著出版的年度分布、学科、作者分布、出版机构分布和主题分布作为分析指标，依此探讨十年间东北亚研究专著的发展特征。

2008—2017 年东北亚研究专著共计 283 部，各年度专著量呈先上升后下降的趋势，专著年均出版量为28部（见图1）。这表明东北亚研究专著的数量较少，该领域的专著研究水平有待于提高。

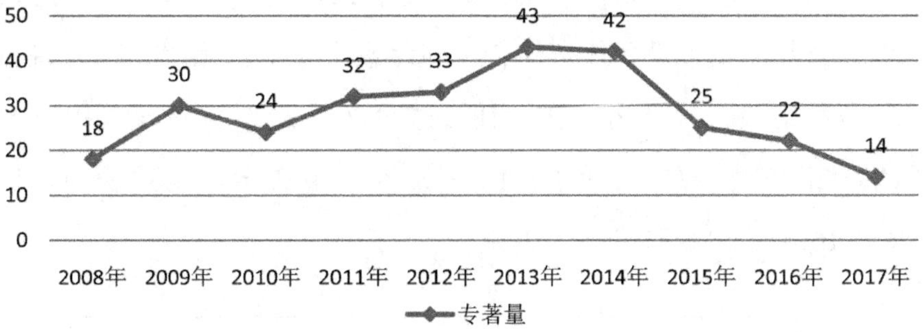

图1　2008—2017年东北亚研究专著的年度分布

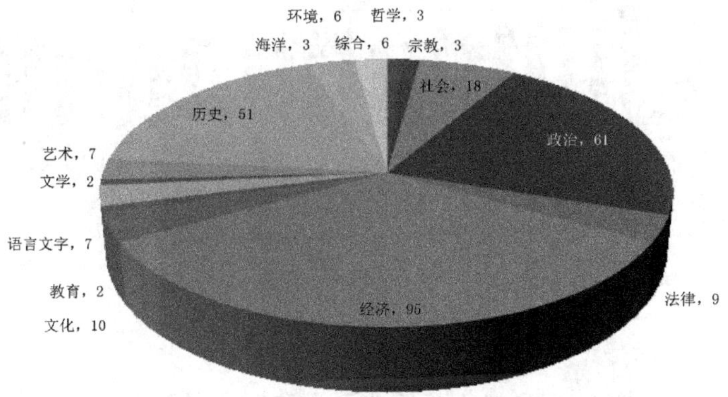

图2　2008—2017年东北亚研究专著的学科分布

东北亚研究专著的研究领域涉及人文社会科学各个领域，有的学科交叉延伸到环境、海洋等领域。图2数据显示，十年间东北亚研究专著的学科分布显示，经济、政治和历史学科的专著量分列各学科的前三位，三大学科的专著量共占全部专著的73%。其中，经济学科的专著量最多，共计95部，这表明经济领域是东北亚研究的重点领域。此外，虽然环境领域（6部）和海洋领域的专著量较少（3部），但这些学科是近年来东北亚研究的新兴研究领域。

东北亚研究专著的责任者构成相对复杂，按照责任者数量多少，可分为团体责任者和个人责任者。需要说明的是，在进行专著的计量分析时，只统计第一责任者。2008—2017 年专著数量大于（含）2 部的核心责任者群分布如图 3 所示。数据显示，专著出版量在 2 部及以上的责任者共 23 位，其中 1 个是团体责任者，即北京大学亚洲太平洋研究院；其余的 22 位都是个人责任者。从责任方式分布看，22 位责任者中有 6 位（刁秀华、张晓刚、方俞、柯胜雨、王克芬、金文学）是独著的责任方式，其余 16 位是“编”的责任方式。

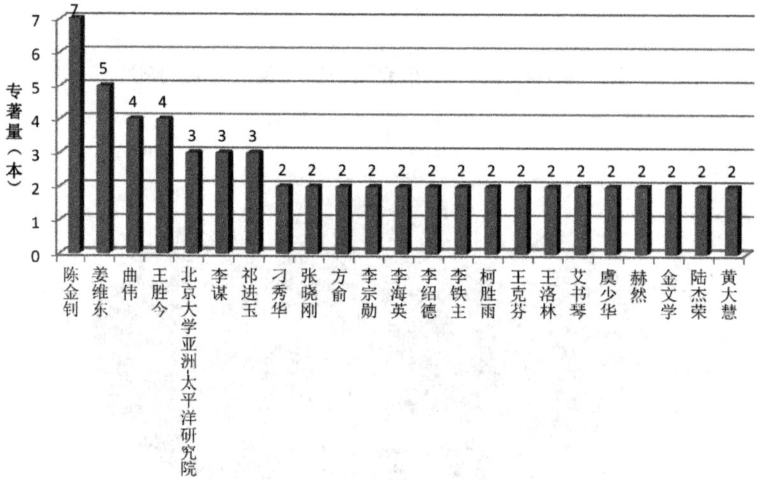

图 3　2008—2017 年东北亚研究核心责任者分布

专著的出版机构在一定程度上反映了东北亚研究专著的内容特点。鉴于此，统计东北亚研究专著的出版机构分布，对分析东北亚研究成果有一定的参考价值，对研究者查找文献和出版专著可以作为借鉴。据统计，东北亚研究专著出版量位于前五位的出版机构共有 17 个，出版量都在 6 部（含）以上（见图 4）。其中，社会科学文献出版社稳居榜首，该机构的出版量为 39 部，在东北亚研究专著的出版方面很有优势。从出版机构的地域分布看，8 个出版社位于北京，6 个出版社位于东北地区（长春、哈尔滨和沈阳），2 个出版社位于上海。出版社的地域分布在一定程度上反映了东北亚研究的地域分布特点，表明这些地区的核心作者群规模较大，影响力较强。

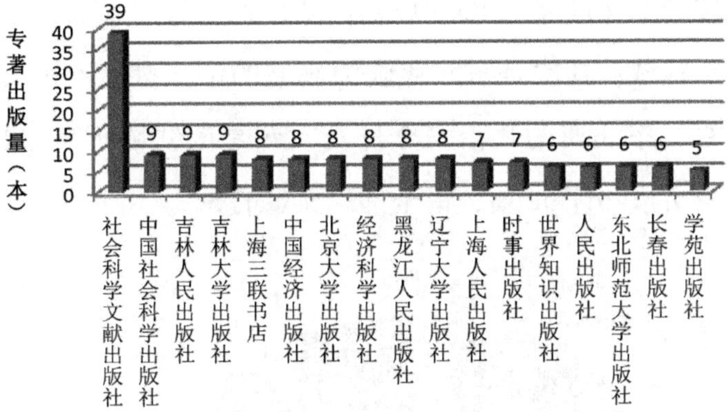

图 4　2008—2017 年东北研究专著的出版社分布

（二）东北亚研究的期刊论文计量分析

2008—2017 年中国东北亚研究的期刊论文研究取得新的成果，发文总量共计 1804 篇。图 5 显示各年度论文量呈先增加再下降的态势，2010 年的论文发文量最多（205 篇），2017 年的发文量最少（124 篇），期刊论文的年均发文量为 180 篇。

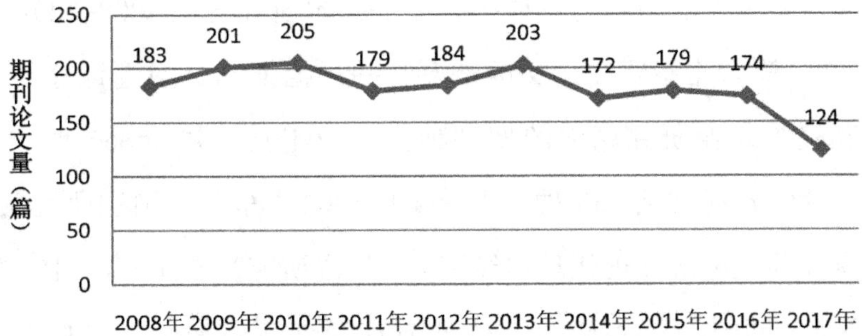

图 5　2008—2017 年中国东北亚研究期刊论文的年度发文量分布

本研究参照《中国图书馆分类法》（第五版），按照学科类别对东北亚研究的 1804 篇期刊论文进行分类，图 6 是期刊论文的学科分布情况。经济、政治和历史类论文量分列学科分布的前三位，占论文总量的 88%。

这表明经济、政治和历史是中国东北亚研究关注的重点领域。其中，东北亚经济领域的论文量高达 1008 篇，占全部论文量的 56%，是东北亚研究的第一重点领域；其次是东北亚政治领域的论文量达 493 篇，占全部论文量的 27%，东北亚的政治安全外交问题是该领域研究的热点问题；历史领域的论文量共计 92 篇，占全部论文量的 5%。

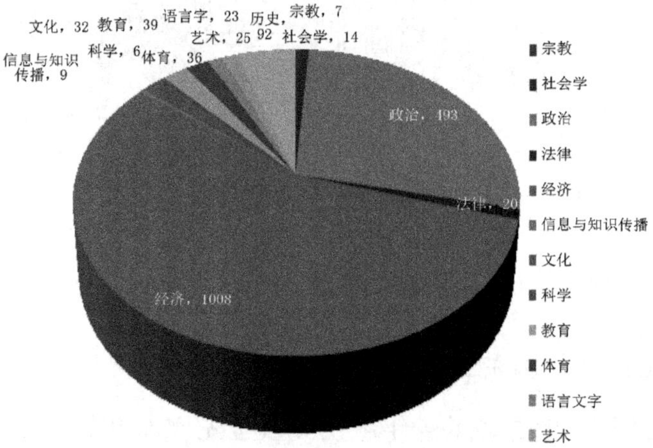

图 6　2008—2017 年东北亚研究各学科发文量分布

学术期刊是东北亚研究论文的交流合作共享平台。期刊的载文量是分析东北亚研究发展现状的重要指标之一。本研究统计 2008—2017 年国内刊载 1804 篇东北亚研究论文的期刊，并根据期刊类型进行分类比较。十年间刊载东北亚研究论文的期刊种类比较丰富，共计 666 种。其中，普通综合性学术期刊共 653 种，占总量的 98%；东北亚国别研究类的学术期刊有 6 种，包括《现代日本经济》《日本研究》《日本学刊》《日本问题研究》《韩国研究论丛》《当代韩国》；东北亚区域研究类的期刊有 7 种，包括《东北亚论坛》《东北亚学刊》《亚太经济》《当代亚太》《东北亚经济研究》《亚非纵横》《东北亚外语研究》①。由此可见，目前东北

① 本研究通过 NoteExpress 统计期刊名称和中国知网 CNKI 浏览期刊设置栏目对期刊种类进行划分。

亚专门研究类的期刊种类较少。由于东北亚研究相关期刊种类丰富，为便于统计，只选取载文量大于10篇的位于前14位的期刊。从图可知，由于不同期刊载文量有相同的情况，位于前14位的有29种期刊，载文量共计558篇，占全部期刊论文的31%（见图7）。值得一提的是，《东北亚论坛》的发文量高达105篇，高居榜首。《东北亚论坛》是教育部重点研究基地吉林大学东北亚研究中心主办的、研究东北亚地区发展理论与实践问题的学术性刊物①。该刊引领和推动了国内东北亚研究的发展。

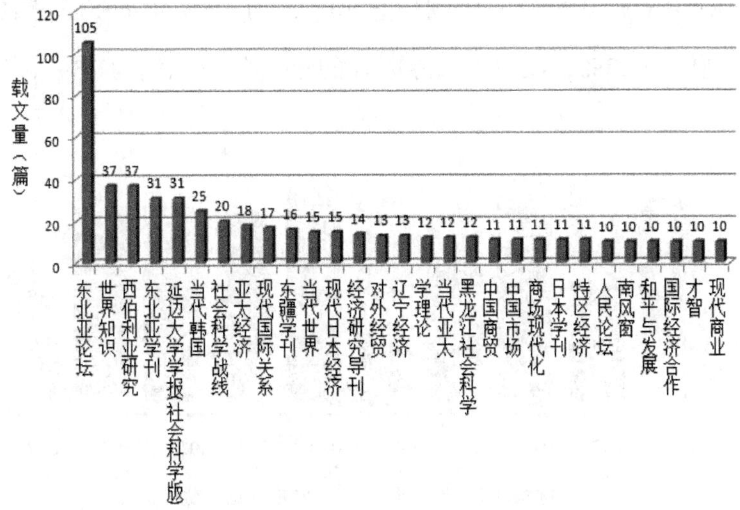

图7　中国东北亚研究载文量TOP15期刊分布

期刊的水平在很大程度上反映了刊载论文的质量。在人文社会科学领域，南京大学中国社会科学研究评价中心研制的《中文社会科学引文索引》（Chinese Social Science Citation Index，CSSCI）影响较大，是目前评价期刊论文质量的核心评价体系。入选CSSCI的期刊种类约占我国正式刊行的社科类期刊总数的%，代表目前国内最高学术研究水准②。本研

---

① 东北亚论坛，http：//www. dbyl. cbpt. cnki. net/WKE/ WebPublication/ wk Text Content. aspx ? navigationContentID = 896d52e4-2e20-4da2-b4af-ce9d4d18dce8&mid = dbyl，2018年3月6日登录。

② 孙安：《我国四大引文数据库及其期刊引证报告的比较研究》，《大学图书情报学刊》2009第3期，第57—60页。

究选取被 CSSCI 来源期刊收录的论文作为分析指标，依据 CSSCI 来源期刊论文的数量和比例分布情况，评价东北亚研究相关论文的质量和该研究领域的发展水平。对 1804 篇期刊论文的收录范围进行全面统计可知，被 CSSCI 来源期刊收录的论文共计 594 篇，占全部论文量的 33%。从图 8 可知，年均 CSSCI 来源期刊论文数约为 59 篇，各年度 CSSCI 来源期刊论文数呈先上升再下降的趋势，2010 年的 CSSCI 来源期刊论文数最多（77 篇），2017 年的 CSSCI 来源期刊论文数最少（28 篇）。从分布比例看，2011 年 CSSCI 来源期刊论文比例高达 40%，而 2017 年 CSSCI 来源期刊论文所占比例低至 23%，CSSCI 来源期刊的年均分布比例为 33%。

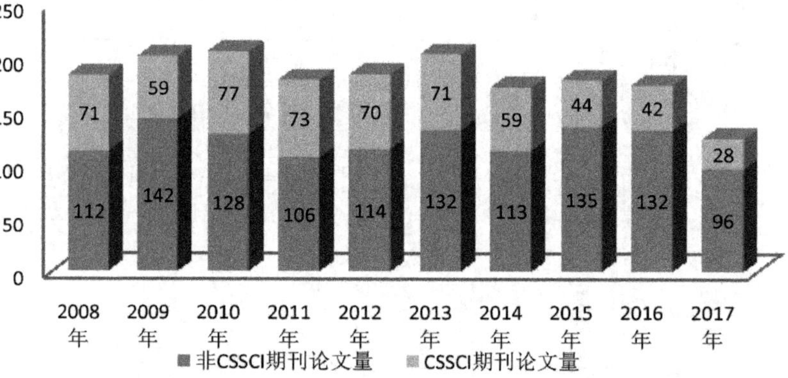

图 8　2008—2017 年刊发东北亚研究论文的 CSSCI 来源期刊分布

2008—2017 年东北亚研究的 1804 篇论文作者共有 2018 位。需要说明的是，本研究在统计分析时，只选取第一作者作为分析指标，由于发文篇数相同的第一作者较多，为了解核心作者群情况，只统计发文量在 5 篇及以上的第一作者。如表 1 所示，近十年间发文量符合统计要求的作者排序都位于前 6 位，共有 17 位作者。从高产作者所属机构性质看，10 位作者来自高等院校，4 位来自社科研究机构，2 位来自杂志社，1 位来自政府部门的研究机构。这表明高等院校是国内东北亚研究的主力军之一。从核心作者的地域分布看，有 9 位作者所属机构位于东北地区，5 位作者所属机构位于北京和天津，3 位作者位于华南地区。

表 1　2008—2017 年中国东北亚研究发文量 TOP6（发文量≥5）作者分布

序号	作者	篇数	作者单位	序号	作者	篇数	作者单位
1	张蕴岭	33	中国社会科学院国际研究学部	5	巴殿君	6	吉林大学东北亚研究院政治所
2	张景全	19	吉林大学东北亚研究院	5	张慧智	6	吉林大学东北亚研究院
3	王木克	11	《世界知识》杂志社	5	沈海涛	6	吉林大学东北亚研究院
4	笪志刚	7	黑龙江省社会科学院东北亚研究所	5	王俊生	6	中国社会科学院亚太与全球战略研究院
4	黄凤志	7	吉林大学行政学院	5	靳利华	6	天津外国语大学涉外法政学院
4	郭锐	7	吉林大学行政学院国际政治系	6	吴德烈	5	商务部国际经贸研究院
5	吴昊	6	吉林大学东北亚研究院	6	曲伟	5	黑龙江省社会科学院
5	周松兰	6	广东商学院经贸学院	6	雷墨	5	《南风窗》杂志社
5	娄伟	6	漳州师范学院政法系	—	—	—	—

1804 篇期刊论文的作者来自国内外不同的研究机构。本研究只统计第一作者的所属机构，并依据各机构的发文总量对东北亚研究的核心机构进行排名。由于机构发文量存在相同的情况，前 10 位的研究机构共有 12 个（见图 9）。据统计，12 个研究机构的发文量共有 527 篇，占全部期刊论文量的 29%，各机构的平均发文量约为 44 篇。这表明东北亚核心研究机构的研究成果较少，有待于进一步加强东北亚领域的研究能力，增加研究成果。从机构的性质分析，12 个机构中 9 大机构属于高等院校，占 75%；3 大机构属于社科机构，占 25%。这表明高等院校系统是东北亚

研究的最核心力量，为中国东北亚研究培养了大量的储备人才。其中，吉林大学位于高校研究机构的首位，发文量最多（158 篇），吉林大学在东北亚研究方面具有较长的历史，值得一提的是吉林大学的东北亚研究院，该机构十年的发文量为 60 篇，是一个集东北亚政治、经济、人口、历史、文化等多学科的综合研究单位，在东北亚问题的研究方面具有非常雄厚的研究实力和研究基础。此外，人文社会科学研究重镇的中国社会科学院，与各地方社科院一起共同扮演中国东北亚研究的主力军角色。从期刊论文核心研究机构的地域分布看，6 所机构位于东北地区，4 所机构位于京沪地区，各有 1 所机构位于天津和山东，这表明期刊论文的主要研究机构位于东北地区和华北地区。

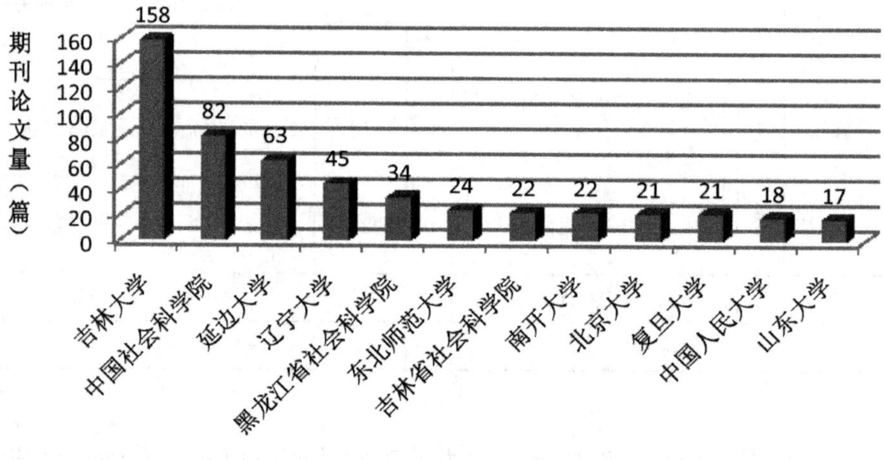

图 9　2008—2017 年东北亚研究的期刊论文作者所属机构分布

（三）东北亚研究的学位论文计量分析

学位论文是东北亚研究成果的重要组成部分。本研究利用中国知网检索 2008—2017 年东北亚研究的博士和硕士学位论文。整理后的文献数据显示，十年间东北亚研究的学位论文共计 496 篇。其中，博士学位论文共计 120 篇，占全部学位论文的 24%；硕士学位论文共计 376 篇，占全部学位论文的 76%，硕士学位论文数量是博士学位论文数量的 3 倍多

(见表 2)。从博士和硕士学位论文的年度折线图可知，博士和硕士学位论文数量都呈先上升再下降的趋势。2013 年，博硕士学位论文数量最多，各为 20 篇和 54 篇（见表 2、图 10）。

表 2 中国东北亚研究的学位论文年度分布 （单位：篇）

论文类型＼年份	2008	2009	2010	2011	2012	2013	2014	2015	2016	2017	合计
博士论文	10	6	8	17	18	20	11	11	13	6	120
硕士论文	28	39	41	40	40	54	41	35	31	27	376
合计	38	45	49	57	58	74	52	46	44	33	496

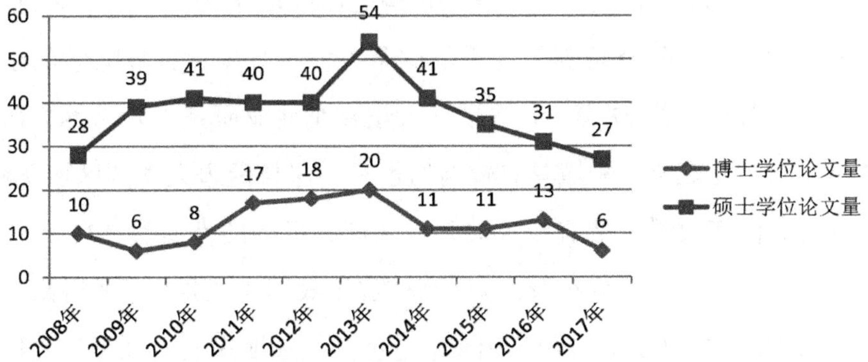

图 10 中国东北亚研究的博士和硕士学位论文年度分布

东北亚研究学位论文涉及人文社科领域的多个学科，分布较为广泛。图 11 数据显示，经济、政治和语言文字学科领域的博士学位论文数量位于各学科的前三位，这些学科的博士学位论文数量共计 109 篇，占全部博士学位论文的 91%；经济、政治和法律学科的硕士学位论文数量位于各学科的前三位，这三大学科的硕士学位论文数量共计 331 篇，占全部硕士学位论文的 88%（见图 11）。从博硕士学位论文整体看，经济、政治、语言文字、历史和法律位于学位论文各学科的前五位，这五大类学科的学位论文共计 460 篇，占全部学位论文的 93%（见图 11）。

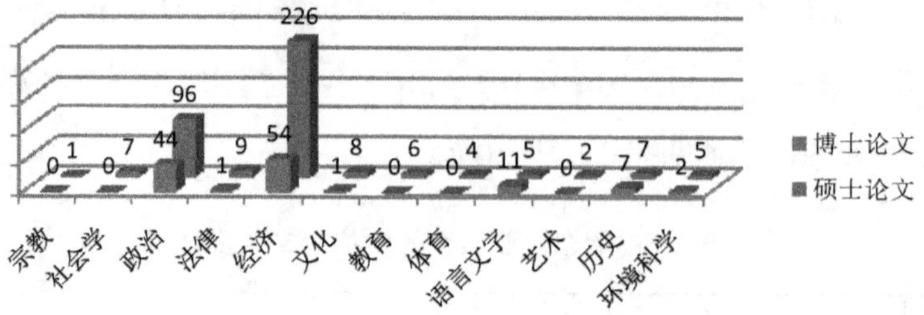

图 11　2008—2017 年东北亚研究学位论文的学科分布

学位论文的数量和质量在一定程度上反映了所属机构在东北亚研究领域的发展水平。图 12 是对博士和硕士学位论文作者所属机构中的高产机构分布情况的统计。按照学位论文产出量进行排序，位于前 10 位的研究机构共有 11 个，11 个机构的学位论文量共计 293 篇，占全部学位论文（见图 12）的 59%。由此可见，这些机构是国内东北亚研究的核心机构，这些机构为东北亚研究培养了优秀的储备人才。其中，吉林大学的学位论文量排在首位，共 97 篇，这表明该大学在东北亚研究人才培养方面做出贡献，在东北亚研究领域具有较高的水平，这与延边大学的区域优势、语言优势和国家政策支持有较大关系。从核心机构的性质看，11 大机构都是高等院校。从地域分布看，6 所高校位于我国东北地区，3 所高校位于我国京沪地区，2 所高校位于山东。这些数据表明东北地区、华北地区和华东地区的高校承担了东北亚领域研究生的培养工作。

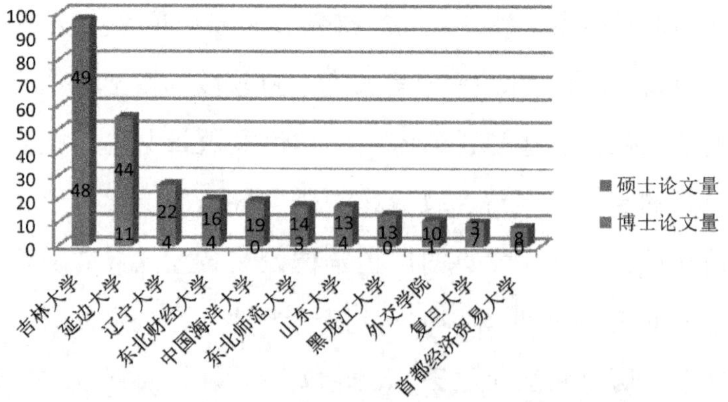

图 12　2008—2017 年东北亚研究学位论文的 TOP10 机构分布

关键词是学位论文主题内容的浓缩和凝练。本研究统计发现，496 篇博硕士学位论文的关键词共有 1191 个，总频次达 2033 次[①]。其中，词频达 5 次（含）以上的关键词共 52 个，总频次共计 661 次，按照词频高低对这些关键词分布情况进行统计（见表 3）。

表 3　东北亚研究学位论文的高频关键词

关键词	词频	关键词	词频	关键词	词频	关键词	词频
东北亚	122	地缘政治	12	产业内贸易	7	贸易引力模型	6
中日韩	60	日本	12	国际竞争力	7	路径	6
自由贸易区	32	六方会谈	11	奥巴马政府	7	中国崛起	5
中国	30	经济效应	11	安全合作	7	中日韩 FTA	5
中日韩自由贸易区	19	能源合作	11	服务贸易	7	中韩关系	5
区域经济合作	19	东北亚区域	10	贸易效应	7	合作模式	5
美国	16	中日韩自贸区	10	中美关系	6	对策建议	5
韩国	16	对策	10	互补性	6	战略选择	5
区域经济一体化	15	朝核问题	10	区域经济	6	朝鲜	5
东北亚地区	13	朝鲜半岛	10	安全战略	6	比较研究	5
俄罗斯	12	影响因素	9	引力模型	6	竞争性	5
区域合作	12	竞争力	8	比较优势	6	经济全球化	5
合作	12	东亚	7	美韩同盟	6	金融危机	5

论文被引用客观反映了该论文的影响力，论文被引用频次是评价论文影响力高低的重要计量指标。另外，论文的下载次数是自一篇论文被刊登以来在网上被用户下载的次数，该分析指标体现了论文受到的关注

① 该数据首先是通过 NoteExpress 统计全部期刊论文的关键词数量，然后再计量所有关键词出现的总频次。

程度，下载次数也是论文价值的一种反映形式，与论文的被引用频次有一定相关性。为了解中国东北亚研究的高影响力学位论文分布情况，本研究选定被引频次和下载次数两大定量指标，统计时间截止到 2018 年 3 月 20 日。表 4 是按照被引频次高低对 2008—2017 年高影响力博士论文的统计情况。数据显示，被引频次大于（含）10 的博士学位论文共 8 篇，被引频次共 134 次，篇均被引频次约为 17 次。被引频次位于首位的是来自上海社会科学院的匡增杰发表的《中日韩自贸区的贸易效应研究》，该论文的被引频次和下载次数都是最多的。从高影响力论文所属机构看，1 篇来自社会科学研究机构，7 篇来自 4 所高等院校，其中 4 篇论文来自吉林大学，这表明吉林大学在研究生的培养和教育工作方面有突出贡献，有较大的影响力。

表 4　中国东北亚研究高影响力博士学位论文一览

序号	题名	作者	单位	年份	被引频次	下载次数
1	中日韩自贸区的贸易效应研究	匡增杰	上海社会科学院	2014	34	7275
2	东北亚区域能源安全与能源合作研究	李霞	吉林大学	2012	19	2538
3	奥巴马政府东北亚安全战略	吕平	吉林大学	2013	17	3347
4	区域经济一体化趋势下中日韩经贸关系研究	何谦	西北大学	2008	16	2416
5	东北亚海域环境污染防治的国际合作	金正九	大连海事大学	2011	13	925
6	东北亚区域环境跨界污染的合作治理研究	李雪松	吉林大学	2014	13	1904
7	金融危机对中日韩三国经济的影响及政府的对策效应研究	牟晓云	吉林大学	2011	12	3323
8	东北亚地区民族温突文化比较研究	金俊峰	中央民族大学	2010	10	630

表5是中国东北亚研究领域高影响力的硕士学位论文分布情况。被引频次9次（含）以上的论文共有12篇，这些高影响力论文位于全部硕士学位论文的前8位，被引频次共计165次，篇均被引频次14次。数据显示，被引频次最高的是来自延边大学黄浩的《中日韩足球后备人才培养体系的比较研究》，被引频次达到30次。下载次数最多的是西南财经大学钱利华《建立中日韩自由贸易区的经济效应与展望》，下载次数达到3404次。

表5　中国东北亚研究高影响力硕士学位论文一览

序号	题名	作者	所属机构	年份	被引频次	下载次数
1	中日韩足球后备人才培养体系的比较研究	黄浩	延边大学	2010	30	1089
2	青岛港在东北亚港口中的竞争力分析	朱斌	中国海洋大学	2009	20	1151
3	中日韩三国文化产业竞争力研究	王巍	南京农业大学	2008	17	2218
4	中国与东北亚地区远洋渔业国际合作研究	王波	中国海洋大学	2009	15	819
5	中日韩造船业国际竞争力比较研究	游友斌	江苏科技大学	2010	13	931
6	中日韩中小学安全教育比较研究	孙胜南	辽宁师范大学	2013	12	1023
7	中日韩旅游合作研究	李涛	青岛大学	2012	11	990
8	中日韩近现代漆艺的发展与传承比较研究	钱凯一	南京师范大学	2014	11	887
9	建立中日韩自由贸易区的经济效应与展望	钱利华	西南财经大学	2013	9	3404
10	FTA背景下的中日韩农产品贸易研究	韩伟	山东大学	2011	9	921

续表

序号	题名	作者	所属机构	年份	被引频次	下载次数
11	中日韩区域经济合作与贸易潜力	隋峰燕	首都经济贸易大学	2010	9	862
12	中日韩服务业产业内贸易实证研究	王磊	大连海事大学	2010	9	766

四、东北亚研究的主要特征

通过对东北亚研究成果的三种文献类型（专著、期刊论文和博硕士学位论文）进行计量分析，可揭示相关各种文献在数量、规模、质量、作者和刊物分布等方面的一些规律，据此把握 2008—2017 年东北亚研究的发展特征。

首先，十年间东北亚研究成果较为薄弱。在文献数量方面，东北亚研究论著总量共计 2583 篇（部），各年增长速度较为缓慢。在文献类型方面，期刊论文数量共计 1804 篇，在各种文献类型中最多，占全部文献的 70%；博硕士学位论文数量近年来增长较快，丰富了东北亚研究成果。在学科领域的分布方面，东北亚各学科领域的发展较为均衡，但在某些学科领域有所侧重。从整体的学科分布看，经济、政治和历史领域的研究成果位于各学科的前三位，这三大研究领域是目前中国东北亚研究成果的重点研究领域。从文献质量看，依据 CSSCI 来源期刊占全部期刊论文的 33%，这表明东北亚研究的水平有所提高，但也有待于进一步优化研究成果的质量。

其次，从责任者方面总结东北亚研究的特征。从责任者所属机构性质看，中国东北亚研究者主体大都来自国内的高等院校，少数研究者来自社科研究机构。高等院校的研究者主体来自吉林大学、延边大学和辽宁大学。从责任者所属地域分布看，主要责任者来自东北地区、华北地区和华东地区。

再次，从论文的刊载平台分布分析中国东北亚研究特征。近十年刊载东北亚研究论文的期刊种类较多，高达 666 种。刊载的刊物主要可分为三大类别：普通综合性学术期刊（653 种）、东北亚国别研究类期刊（6 种）和东北亚区域研究类期刊（7 种）。据此可知，目前东北亚专门研究类的期刊种类偏少，需要重视和增设东北亚研究领域的专门期刊，为中国的东北亚研究提供更多的交流共享平台。

最后，从研究对象分析中国东北亚研究特点。东北亚研究属于区域研究领域，涉及的国家包括中国、朝鲜、韩国、日本、俄罗斯和蒙古国。但从对现有研究成果的统计分析看，大部分论著是针对中国、韩国和日本展开的研究，只有少量的研究涉及朝鲜、俄罗斯，极个别的论著涉及蒙古国。

对 2008—2017 年中国东北亚研究成果的文献计量分析结果表明，中国近十年的东北亚研究取得了一定的成果，东北亚研究成果的呈现形式更加多样化，东北亚研究专著、期刊论文和学位论文都不断涌现。但整体上研究成果还比较薄弱，研究成果的数量需要增加，研究水平有待提高，研究方向有待进一步拓展。目前的东北亚地区安全形势更加复杂，东北亚区域协作的需求增强，这些都对东北亚研究提出更高的要求，将推动国内的东北亚研究在广度和深度上进一步拓展和提高。相信未来十年中国东北亚研究会有新的飞跃，登上新的台阶。

针对目前国内的东北亚研究存在的不足，笔者提出一些建议以供参考。

第一，促进东北亚研究力量的均衡发展。东北亚研究人员地区分布的不平衡问题较为突出。该领域研究者主要来自东北地区的高等院校和社科研究机构，这种情况主要是由于东北地区的地缘优势、语言优势，以及国家的政策扶持造成。但仅依靠东北地区的高校研究者力量是不够的，应该积极发挥其他地区有研究优势的高校和社科研究机构力量，这样才能推动东北亚研究的快速发展。

第二，需要增加东北亚研究相关的专门刊物种类。目前我国东北亚国别和区域研究类期刊较少，。东北亚研究是我国学界的重要区域研究领域，应该受到足够的重视。东北亚研究专门期刊可为该领域的学术交流合作共享提供更广阔、更便捷的平台。东北亚研究专门刊物可增设投稿栏目，拓宽选题方向，以此促进东北亚学术研究的繁荣发展。

第三，进一步扩大东北亚研究对象的范围。目前的东北亚研究对象主要涉及中国、日本和韩国，需要进一步扩大研究对象范围，选取新的视角，增强对俄罗斯、朝鲜和蒙古国的研究能力，形成国内东北亚研究均衡发展的局面。这样有利于东北亚和谐区域的构建和区域合作的发展。

第四，重视和加强东北亚研究后备力量的培养。要推动东北亚研究的繁荣发展，就要加强对专门人才的培养。目前的学位论文成果表明以吉林大学为首的东北地区、京沪和山东的高校承担了研究生的教育和培养工作，但只有山东大学设置了东北亚学院，东北亚学院将在人才的培养方面更有专业性和方向性优势。学科设置的调整将为东北亚研究注入新的活力，建议在学科设置上重视东北亚研究方向。

“一带一路”视阈下的山东城市外交：比较优势与路径选择

范　磊[*]

摘　要　在全球化、信息化和城市化进程的推动下，城市已经成为国家对外战略的重要支撑点。而城市外交已经成为提升城市品牌形象和国际影响力以及国家文化软实力的重要载体。山东省拥有丰富的历史文化资源和重要的地缘位置，在城市外交的发展方面有着得天独厚的优势，“一带一路”倡议的提出更是为山东城市的对外交往创设了难得的发展机遇。不过，由于主客观等多方面的原因，山东省在城市外交领域的理论研究与实务推动依然进展缓慢，远未实现与其先天优势所相称的后天影响力。这是当前山东城市外交发展的瓶颈，在今后的具体工作中有着巨大的提升潜力。

关键词　一带一路　山东　城市外交　城市国际化　齐鲁文化

* 范磊，国际政治博士，任职于山东政法学院马克思主义学院，山东政法学院新加坡研究中心主任，山东大学亚太研究所研究员，山东大学东北亚研究中心特邀研究员，主要从事东亚地区政治、公共外交、“一带一路”等领域的研究。

本论文是2016年度教育部人文社科研究青年基金项目“新加坡族群多层治理结构研究”（16YJCGJW003）的阶段性成果；2016年度山东省高校人文社科研究项目“国际比较视角下各民族交往交流交融的‘底层设计’研究”（J16YA11）的阶段性成果。

2014 年 5 月 15 日，习近平主席在中国国际友好大会暨中国人民对外友好协会成立 60 周年纪念大会上的讲话中明确提出要“更好推进民间外交、城市外交、公共外交，不断为中国民间对外友好工作作出新的更大的贡献”①。这是中国最高领导人首次在讲话中提出“城市外交”概念，对于中国城市外交的研究和开展有着非常重要的指导意义。此次讲话为新时期的中国城市外交发展指明了明确的方向，并将对今后大力加强蓬勃发展的国际友城工作，促进国内城市的国际化建设，实现中外城市的友好交流、优势互补和合作共赢产生巨大的推动作用。

目前，全国不少地方的城市外交理论和实践工作开展得有声有色，作为城市外交重要内容的友好城市交往已经成为当前我国城市发展对外交流的有效平台和渠道。在东北亚区域，中日韩三国的友好城市交往走在了该地区城市外交的前列。1973 年 6 月 24 日，天津市与日本的神户市结为友好城市，这不仅是中日两国间的第一对友好城市，也是中国同国外城市所缔结的第一对友好城市，从而开启了中国城市外交的先河。中日韩三国于 1999 年在城市外交方面达成共识，共同发起成立了“中日韩友好城市交流大会”。2018 年恰逢中日首对友好城市缔结 45 周年，也是中韩首对友好城市缔结 25 周年②，由中国人民对外友好协会主办，日本自治体国际化协会、韩国市道知事协议会协办的第 20 届中日韩友好城市交流大会于 2018 年 10 月 17 日在开封市召开。中日韩三国机构代表在会议期间签署了友城经贸合作协议及备忘录，旨在继续加强三方合作交流，共同推动三国地方政府合作深入发展。③本届会议主题为“构建合作共赢的东北亚地区命运共同体”，涵盖“传统文化与文明进步”“环境保护与

① 习近平：《在中国国际友好大会暨中国人民对外友好协会成立 60 周年纪念活动上的讲话》，《新华每日电讯》，2014 年 5 月 16 日。

② 1993 年连云港市与韩国木浦市结为友好城市，是中韩建交以后两国间的第一对友好城市。

③《第 20 届中日韩友好城市交流大会召开 三国代表签署合作备忘录》，中国新闻网，2018 年 10 月 18 日，http://www.chinanews.com/gn/2018/10-18/8653362.shtml。

可持续发展”“智慧城市与科技进步”等分议题。这是东北亚地区局势缓和以及中日韩领导人峰会以后举行的重要的三边活动，是新时代中国城市外交发展的又一成果，会议所取得的丰硕成果彰显了城市外交在东北亚地区和平、稳定发展与民间交流中的积极作用。

自古以来，山东省就有着良好的对外交往传统，也因为悠久的历史文化和得天独厚的战略位置而成为辐射东北亚文化圈的重要原点区域。近年来，随着改革开放的不断深入，山东省与世界各国的省、州及城市都建立了良好的联系，尤其与东北亚的日韩两国之间的合作，在领域、水平和层次等方面更是成绩斐然。2018 年 6 月 9 日至 10 日，上海合作组织扩容后的首次峰会在青岛市举行。此次大型国际活动不仅为青岛赢得了世界的目光，也让青岛的城市外交迎来天时地利人和的发展机遇。相应地，此次大型国际活动也必然会对今后山东省的城市外交工作起到提供积极的推动作用。

虽然与其他很多省份相比，山东不论是在城市外交资源还是在城市外交的发展机遇方面都具备了一些独特的优势，但是与其他地区相比，由于主客观方面的多重原因，山东在城市外交的理论研究和实务工作方面却是大大落后，这与山东作为经济强省、文化大省的地位有些不相称。当前，党中央充分重视的新旧动能转换综合试验区建设在山东进入发展的快车道，山东也希望“以综合试验区建设为载体，树立世界眼光、全球视野，开展新一轮高质量、大力度招商引资”[①]，深度融入“一带一路”建设，以更好地发挥山东综合试验区的“招牌”优势。此举无疑对山东的城市对外交往提出了更为紧迫的要求。对于山东这个有着优质的历史文化资源、发达的对外经贸联系、密集的人文交流等优势的省份而言，如果能顺天时、应地利，谋城市外交的“人和”，积极推动山东各城

① 《刘家义在山东省全面展开新旧动能转换重大工程动员大会上的讲话》，大众网，2018 年 2 月 23 日，http：//sd. dzwww. com/sdnews/201802/t20180223_17071550. htm。

市与世界其他国家城市之间的友好交流，尤其是与东北亚各国城市的互动交往，定会在“一带一路”倡议的框架下更有作为，在东北亚的和平与发展进程中扮演更加有意义的角色。

一、城市外交的理论发展与实践推动

在以往的历史发展中，外交活动的主体大都是由国家承担并由职业外交官来执行。但是，随着国际关系民主化和外交公开化的发展，外交的行为主体也日益多元。在当前全球化的大背景下，城市在人类经济与社会发展过程中正扮演着越来越重要的角色，几乎所有国家的政治、经济、文化活动以及伴随而生的资源与思想的交流、交融都是以城市作为基本的节点。在全球化、信息化和城市化进程的推动下，城市已经成为“跨国界、跨时空和跨文明的交流互鉴活动之场所……越来越成为国家文化战略的重要支撑点甚至是基本载体。国家软实力竞争，往往以城市为载体”。① 城市甚至也获得了一定的国际关系行为主体资格。全球化时代的城市，开放性是其最基本的属性，这就针对外交往不可避免地会产生明确的诉求，可以说这是全球化时代多元的国际行为体参与和推动全球网络化治理的真实表达，也是新时代外交形式的创新与发展。

而作为城市对外交往的重要表现形式，城市外交正在成为民间对外友好工作的新型工作方式，这种多元化行为体的多维互动趋势也日渐清晰。随着改革开放的迅速发展，中国的城市国际化进程已经进入了发展的快车道，不论是在形式还是内容上都有了更加多元、多面和多维的特征，作为城市国际化基本表达方式的城市外交通过功能性嵌入“主权国家外交、国际组织和国际制度外交以及社会网络外交体系，逐步构建起

① 《序言》，载韩方明主编：《城市外交：中国实践与外国经验》，北京：新华出版社 2014 年版，第 1 页。

一个嵌入式外交体系，以满足全球化和城市化对城市功能的要求”。[①]换言之，首先，城市外交的发展还是要依托国家的整体外交体系，通过发展城市的对外交往来配合和对接国家战略以及整体外交；其次是要充分发挥城市外交灵活易操作的特点和潜力，努力拓展外交的宽度，以更加包容和直接的方式传播国家形象，应对跨界议题。从而有效推动“城市政府在国家主权和总体外交战略的框架内，为实现国家总体发展战略和推进城市建设发展，在中央政府的授权或政策指导下”[②] 参与中国特色大国外交进程，丰富新时代中国外交的手段和内涵，重塑中国城市在外交架构中的历史和地理方位。

可以说，城市外交已经成为“中国国家总体外交的有机组成部分，随着‘中国特色大国外交’新进程的开启，需要更好地发挥城市外交在总体外交格局中的战略性作用”。[③] 作为新时代中国走向世界的开放理念的体现，城市外交顺应了当前中国走向世界的大背景，也是新时代提升国家形象、讲好中国故事、彰显中国创造力的有效载体，并在中国人民外交友好协会推动的友好城市建设中实现了蓬勃的发展。1985 年的一份文件中就曾明确指出：“友好城市是我国人民外交的重要组成部分，是我国各地贯彻对外开放政策、开展对外交流与合作的一条重要渠道。”[④]这一方面凸显了国家对城市对外交往或者说城市外交的重视，另一方面也意味着早在 30 多年前我国就已经出现了城市外交的理论萌芽。

为了更好地推动国际城市友好交往，中国人民对外友好协会于 1992

① 赵可金：《嵌入式外交：对中国城市外交的一种理论解释》，《世界经济与政治》2014 年第 11 期，第 135 页。

② 成都市人民政府外事侨务办公室：《城市外交让成都连通世界》，《当代世界》2017 年第 11 期，第 73 页。

③ 陈楠：《城市外交与中国特色大国外交——思想契合、战略对接与机制创新》，《国际展望》2018 年第 1 期，第 70 页。

④ 刘庚寅：《为了友谊与和平——民间外交亲历记》，北京：世界知识出版社 2006 年版，第 21 页。

年3月发起成立了中国国际友好城市联合会，以更有力地推动中外城市友好关系的发展，拓展城市外交的影响力，服务地方和国家的经济与社会发展，增进跨文明的互鉴交流与合作。“自1973年开展友好城市活动以来，对外结好工作不断取得进展，到2018年5月21日，我国有31个省、自治区、直辖市（不包括台湾省及港、澳特别行政区）和484个城市与五大洲136个国家的531个省（州、县、大区、道等）和1635个城市建立了2546对友好城市（省州）关系。”①

相应地，在国际层面的友城合作也有机制化的国际组织推动。成立于2004年5月的世界城市和地方政府联合组织（简称“城地组织”，UCLG）是目前最大的世界城市和地方政府国际组织，组织总部和秘书处设在西班牙的巴塞罗那。该组织成立的宗旨就是希望通过构建全球地方政府之间的沟通网络，提升彼此在价值观、发展方向以及共享利益方面的理解与合作，在国际社会的广域空间帮助城市和地方政府应对各种挑战。该组织下设的12个专业委员会中就有专门的“发展合作与城市外交委员会”②。在该组织以及其他类似的城市国际化组织的推动下，城市外交在全球发展迅速。目前，中国人民对外友好协会负责协调中国各城市与该组织的合作交流活动，已经有包括北京、上海、广州等在内的18个会员城市。③在某种程度上有力地推动了中国城市外交实践的发展。

具体来看，中国的城市外交实践是走在理论研究之前的，可以说，正是以友好城市为主要内容的城市国际化进程构成了中国城市外交实践的主要内容，并在持续推动城市政治、经济、社会和文化发展的基础上，

① 《友城统计》，中国国际友好城市联合会，2018年11月7日，http://www.cifca.org.cn/Web/YouChengTongJi.aspx。

② UCLG, “*Committees & Working Groups*,” https://www.uclg.org/en/organisation/structure/committees-working-groups.

③ UCLG, “*UCLG World Council Members 2013 - 2016*,” https://www.uclg.org/sites/default/files/wc_members.pdf.

逐渐生发出中国特色的城市外交理论。如今，随着中国全面深化改革进程的有力推进，全国各地各级城市的国际化进程不断加速，并在国家的整体对外战略和总体外交中扮演着越来越积极的角色。加强城市外交理论研究与实践推动，成为新形势下城市发展实现国际性跨越、提升国际竞争力的重要内容和迫切议题。

2013 年习近平主席先后提出构建“丝绸之路经济带”和打造“21 世纪海上丝绸之路”的“一带一路”倡议以来，已经得到了该倡议沿线 60 多个国家的积极回应和广泛支持。该倡议是顺应世界发展潮流的一项共同现代化议程，既充分反映了当前人类社会发展的基本诉求，也给沿线国家和地区包括城市发展创造了难得的机遇。随着“一带一路”倡议路线图的逐渐明朗清晰，相应的节点国家和城市也得以凸显，“最积极最活跃的行为体其实并不是各国中央政府，而是各级地方政府，不仅中国地方政府和城市表现十分积极，沿线其他国家的地方政府和沿线城市也表现出极大的热情。”① 相应的，友好城市构建与社会人文交流合作也越来越成为各方关注的焦点。山东的历史文化底蕴深厚，是中华文明的重要发祥地，对东亚文化圈有着重要的影响，而且得天独厚的区位优势也赢得了越来越多的国际关注度，迎来了“一带一路”倡议这一宏大历史语境中的重大发展机遇期。新的形势下，城市外交一方面将为山东省各城市的国际化进程插上一双有力的翅膀，另一方面将有力地推动山东省各城市在东北亚地区和平进程中扮演更加积极的角色，增进东北亚各国之间的城市交流和民心相通。

---

① 赵可金：《城市外交为一带一路定格》，中国网，2015 年 6 月 29 日，http：//opinion. china. com. cn/opinion_8_132408. html。

二、“一带一路”视阈中山东省内主要城市的定位

山东位于“一带一路”的交汇区域，在一些方面有着其他省份难以比拟的区位优势。作为近年来迅速发展的沿海发达省份，积极融入和推进国家的“一带一路”倡议，实现山东与“一带一路”沿线国家和地区尤其是东北亚地区在更广领域和更深层次上的合作，对于山东的进一步开放发展和经济与社会的转型升级，提升山东在全国乃至东亚地区的辐射影响有着十分重要的意义。虽然在 2015 年 3 月发布的《推动共建丝绸之路经济带和 21 世纪海上丝绸之路的愿景与行动》中并没有将山东列为核心省份，全省也只有青岛和烟台作为重要的沿海港口节点城市在列，但是从山东是新亚欧大陆桥经济走廊的重要沿线地区和“海上丝绸之路”的重要战略支点这一定位来看，山东在“一带一路”建设中的地位非常重要，共享共建“一带一路”是必然选择。①而且，“一带一路”倡议是一个开放的倡议，山东的经济实力和独特的地缘优势以及开放环境为其融入“一带一路”并发挥其应有的作用提供了良好的发展机遇。相应地，在客观层面也为山东省内各城市的国际化和对外交往提供了积极的推动力，而日韩两国也因为地缘临近而成为与山东联系最为密切的区域。

自古以来，山东作为东方海上丝绸之路的首航地就曾经为中日韩三国的友好往来和交流沟通做出过积极的贡献。改革开放以来，山东更是成为韩国和日本投资的首选地之一，从而为加强东北亚各国之间的贸易往来与合作交流发挥了积极的作用。早在 2005 年，山东省就将青岛列为山东省区域经济中心、山东乃至黄河中下游的龙头城市以及具有强大科研实力的国际性港口和国际滨海旅游城市。而烟台则被定为山东省区域

① 郑贵斌：《将山东打造成为东西双向开放的桥头堡》，凤凰智库，2015 年 5 月 21 日，第 3 期，http：//sd. ifeng. com/special/zhiku03。

经济副中心城市，并将青岛和烟台定位为山东省东部和南部、将济南定位为山东省西部的核心城市。而随着最近几年的快速发展和城市的国际化进程，青岛、济南和烟台也成为山东省内国际化程度最高的三座城市。它们推动着山东半岛在东北亚乃至更广范围的区域与国际合作中扮演着更为重要的角色。山东现在已经将山东半岛城市群的发展目标明确为："在全球范围内，半岛城市群是以东北亚区域性国际城市青岛为龙头，带动山东半岛城市群外向型城市功能整体发展的城市密集区域，是全球城市体系和全球生产服务供应链的重要一环……构筑由山东半岛、韩国西南海岸地区、日本九州地区组成的跨国城市走廊，推动'鲁日韩黄海地区成长三角'的形成。"①

在东北亚区域的日韩等国，山东的这一区域性定位也得到了较为积极的认同。2007 年，时任韩国观光协会中央会会长慎重睦访问山东时，曾明确指出："山东省是中国与韩国最近的一个省份，在韩国的华侨大部分都是山东过去的，韩国人的思想精髓也都是儒家思想……在韩国有这样的说法，中国的山东人是可以信赖的。我从小就知道山东是礼仪之邦，在中国人的印象中，山东也是可以信赖的地区，韩国人也有这样的认同。"② 在当前山东省的国际友好省州和友好城市中，与韩国和日本在省一级交往和城市层面的交流就占了相当的比例，而且山东省内城市中较早建立的友好城市关系大多数是从日韩开始的。比如青岛的第一个友好城市是日本下关市，双方结对于 1979 年 10 月，这也是山东与国外结对的第一对友好城市；而济南 1983 年确立的第一个友好城市也是日本的和歌山市。山东省则分别在 1982 和 1984 年分别与日本的山口县与和歌山县建立了友好省份的交流关系。中韩建交后，山东省在 1993 年与韩国庆尚南道建立了友好关系，济南市与韩国水原市、青岛市与大邱广域市也都是

---

① 刘凤鸣：《山东半岛与东方海上丝绸之路》，北京：人民出版社 2007 年版，第 18 页。

② 《力争送 100 万韩国游客到山东》，《大众日报》2007 年 1 月 9 日。

在 1993 年就开启了友好城市关系。①

2016 年 8 月，《国务院关于济南市城市总体规划的批复》将山东省省会济南定位为环渤海南翼中心城市，青岛则向国家中心城市迈进。② 而在山东省内各城市的发展定位中，只有青岛市明确要建设国际性港口城市，打出国际牌。2012 年的青岛市第十一次党代会上更是确定了青岛建设宜居幸福的现代化国际城市的奋斗目标，明确提出要坚持世界眼光、国际标准，发挥本土优势，积极推进国际化、现代化、特色化，进一步走向深海、远海，更好地把握趋势、抓住机遇，提升参与全球化、国际化的深度和广度。这是山东省内城市对国际化进程的明确强调，为接下来城市外交的发展创造了有力的社会和舆论环境。2016 年 6 月，青岛市开始起草《推进实施“国际化+”行动计划（2016—2017）》，再一次强调要坚持以世界眼光来发展国际化城市，这无疑对今后青岛的城市外交工作将会产生积极的推动作用。因为城市国际化本身强调的是城市在国际或者区域的框架内实现经济与社会合作、人文交流等多个领域的动态互动过程，是城市参与国际或者区域性的跨国合作与竞争的行为，其本身就是城市外交的重要组成部分。上海合作组织 2018 年峰会的召开无疑是迄今青岛市城市国际化成果最成功的一次呈现。

三、山东城市外交的比较优势

早在近代，山东的城市国际化就已经走在了全国的前列。100 多年前，济南市虽然地处内陆，但是却成为晚清对外开放和城市国际化的重

① 《友城统计—山东省检索》，中国国际友好城市联合会，http：//www. cifca. org. cn/Web/SearchByPro. aspx？proID = 78&proName = %C9%BD%B6%AB。

② 《国务院同意了！山东 17 市定位：青岛为国家中心城市》，齐鲁壹点，2016 年 8 月 3 日，http：//ql1d. com/news/show/id/289117. html。

要示范性城市。1902 年清政府批准德国在济南设立了驻济商办处，成为济南历史上首家外事机构。1905 年 10 月 10 日，商办处改为德国驻济南领事馆，随后，“英国、美国、日本、瑞典和瑞士等国也相继在济南设立领事馆，意大利、奥地利等国也一度设立领事代办处，”① 直到 1948 年济南解放前夕才陆续被撤销。近半个世纪的时间里，济南一度成为华北、华东地区拥有领事机构比较集中的城市，虽然大多数带有一定的殖民色彩，但是客观上而言对于当时济南的对外交往也起到了一定的推动作用。在经贸方面，从 1904 年开始，济南已经有多个国家的洋行在此从事商贸活动，到 1919 年这些洋行已经达到了 15 家。当然，德国人青睐的青岛，在 20 世纪二三十年代就已经成为一座颇具规模的开放性城市。山东部分城市在 20 世纪上半叶的涉外活动也为如今山东发展与德国、日本等国家的省级交往和城市间交流提供了一定的历史渊源。

2005 年山东省城市规划就曾提出“构筑由山东半岛、韩国西南海岸地区、日本九州地区组成的跨国城市走廊，推动‘鲁日韩黄海地区成长三角’的形成”② 的发展方略，如今《山东半岛城市群发展规划（2016—2030）》强调立足于半岛城市群现有基础和发展潜力，明确山东省的城市发展要深化对外开放，推进与“一带一路”沿线地区互联互通，在山东省区域内建设新亚欧大陆桥东方桥头堡、黄河流域龙头城市群、我国北方重要开放门户。③ 2018 年青岛上合峰会的举办，更是赋予了以青岛为代表的山东省内旨在打造国际化城市的责任担当。相关数据显示，“2017 年，青岛与上合组织有关国家进出口贸易总额 390. 2 亿元、增长

① 张九龙：《那些年，济南存在过的领事馆》，《齐鲁晚报》2017 年 8 月 31 日。

② 《东边抬龙头西边建中心》，大众网，2005 年 5 月 13 日，http：//www. dzwww. com/fangchan/fcxw/200505/t20050513_1062251. htm。

③ 罗晓飞：《2020 年，济南将跻身特大城市》，《济南时报》2017 年 2 月 15 日。

12.5%，占山东省与上合组织有关国家进出口贸易总额的 26%。”①而目前国家已经批复支持青岛创建全国首个“中国/上海合作组织地方经贸合作示范区”，依托上合峰会所塑造的城市影响力，青岛的国际朋友圈越来越大，吸引了越来越多的世界目光。毫无疑问，2018 年上合峰会对于提升青岛乃至山东省其他相关城市的软力量以及明确战略定位和推动城市外交开展都将产生深远的示范和引领效应。

山东城市群地处东北亚核心区域所具备的独特地缘战略位置，地方政府和民间对外交往的活跃，都构成了当前山东省内城市开展城市外交的比较优势。从 1979 年至今，山东省与韩国、日本、朝鲜、蒙古国以及俄罗斯远东地区等东北亚区域各国的省级行政单位以及彼此的城市之间都缔结了多层次互动的友好关系，有效地促进了本区域不同国家之间的友好交往，增进了不同层级行为体之间的良性互动，推动了“民相亲”公共外交目标的实现。同时，友好城市之间的务实交流合作让山东省各城市的国际“朋友圈”不断扩大，城市国际化进程也在加快，青岛、济南等多个城市明确提出了要建设区域性国际化大都市的发展愿景，相应地，城市外交发展也进入了快车道。随着“一带一路”倡议的提出以及深入，山东省城市外交的发展迎来了新的机遇，城市品牌建设也站在了新的起点上。具体而言，山东省各城市从事城市外交、推动城市国际化发展的比较优势主要体现在以下几个方面：

第一，历史文化悠久，是东亚文化圈的代表思想儒家思想的重要发祥地。目前，很多韩国和日本的朋友到山东来都会到孔子故里曲阜去拜谒孔子，感受儒家文化的原汁原味；到泰山去登高许愿，到青岛观黄海风光，到稷下学宫遗址去聆听那段百家争鸣的历史，等等。对山东文化

---

① 《国际化青岛的“上合”朋友圈》，央广网，2018 年 5 月 10 日，http：//news.cnr.cn/dj/20180510/t20180510_524228245.shtml。

了解比较深的还会到大汶口文化、龙山文化等重要的史前遗存去参观。山东推出的“齐鲁文化丝路行”文艺演出品牌、“来自孔子家乡”文化展品牌，以及参与文化部“中国山东文化年”“中国山东文化周”“欢乐春节”综合文化活动品牌建设等都为山东赢得了大量的海外关注度。文化与文明是一个国家提升其国际形象和国家品牌影响力的重要依托，对于一个城市而言亦复如此。而且以城市为主体的城市外交可以避免国家层面外交所可能面对的利益纠葛与意识形态冲突，真正能通过文化的交流与交融实现“民相亲”的合作发展目标。山东所具有的悠久的历史文化以及繁荣的思想对于拓展在“一带一路”沿线国家的城市外交优势明显，意义重大。

第二，“一带一路”倡议的推动在赋予山东省各城市前所未有的发展机遇的同时，也为山东省各城市的城市外交的开展搭设了一个更加宽广的国际化舞台。近年来尤其是在“一带一路”倡议提出以后，山东省紧跟国家发展战略，积极融入“一带一路”建设，在推动城市国际化以及对外交往方面取得了较大的进步。综合来看，山东与“一带一路”沿线国家和地区的经济互补性强，再加上中韩、中澳达成自由贸易协议，以及国家深入推动东亚海洋合作平台、中韩铁路轮渡项目等建设和深化中韩地方经济合作示范区建设，等等，都为山东以及各城市提供了参与国际竞争与合作的良好机遇。山东将抓住机遇，在融入“一带一路”过程中充分发挥产业优势，深入实施品牌、资本、市场、人才和技术的国际化战略，在“一带一路”沿线合作建设资源基地、生产基地、综合服务基地、研发设计基地和布局营销网络，并向产业价值链分工的高端发展，不断提高国际合作质量和水平。①而在国际合作的推进中，城市或地方政府作为活跃的主体必然会扮演积极的角色，可以说，“一带一路”已经为

① 赵秋丽：《在新常态下保持经济持续健康发展——访全国人大代表、山东省委常委、常务副省长孙伟》，《光明日报》2015 年 3 月 11 日。

山东的城市外交工作开展提供了难得的发展机遇。就青岛而言，2015 年青岛对“一带一路”沿线国家投资 18.2 亿美元、增长 141.4%，占到全市对外投资的 55.2%；对“一带一路”沿线国家市场进出口总额 2178.2 亿元，占全市进出口总额的 50%；与“一带一路”沿线国家开展服务外包业务合作执行额 5.5 亿美元，占全市服务外包执行额的 22.7%。[①] 以上充分体现了在“一带一路”框架下青岛市推动国际经贸合作的潜力与实力。

第三，民间与官方的共同努力是山东城市外交发展的基础性动力。山东与德国巴伐利亚州的传统友好关系，自改革开放初期的 1987 年确立，至今已经走过了 30 多年的历程，双方政府推动的经贸、文化等推介活动以及民间积极参与的交流有力地强化了鲁巴之间的合作关系，比如山东省政府在巴州开展的“山东周”“孔子故乡·中国山东”非遗图片展等活动就为巴伐利亚提供了一个走近中国、走进山东，了解中国文化、齐鲁文化的窗口，为增进两国文化交流与沟通，搭建文化交流互鉴、增进相互了解和友谊的平台。[②] 目前，鲁巴关系已经发展成为山东省级友城中实力最强、合作最密切和成果最丰富的友好关系之一。2010 年，两省州的友好关系提升为战略伙伴关系。[③] 而作为山东省内龙头城市的青岛则明确提出了推进城市国际化建设的五个目标：城市经济的国际化、城市功能的国际化、人才的国际化、交流的国际化、交往能力的国际化。[④]这是青岛市委市政府对青岛城市国际化发展的明确阐释，充分凸显了这座城市的官方对于推动城市国际交往的宽广思路。在民间交往方面，山东

---

① 《青岛国际城市建设研讨会举行》，《青岛早报》2016 年 6 月 4 日。

② 《首家“‘孔子故乡　中国山东’文化交流中心”落户德国巴伐利亚州》，大众网，2018 年 7 月 25 日，http：//www.dzwww.com/shandong/sdnews/201807/t20180725_17648396.htm。

③ 《我省与德国巴伐利亚州结好 30 周年庆祝活动在慕尼黑举行》，《大众日报》2017 年 11 月 22 日。

④ 董乔志：《青岛加速打造国际城市“名片”》，《青岛财经日报》2016 年 6 月 6 日。

多个城市与东北亚、东南亚、欧美等区域的城市都建立了密集的联系，单是每天往返于韩日两国的旅游、购物游客就已经在山东的出入境乘客中占到很大比例；青岛机场的地区与国际航线已经可以通达60多座境外城市，大大便利了山东区域与亚洲、欧洲、北美和大洋洲等国家和地区的民间往来。

第四，山东与韩日等国地理相近，有着得天独厚的对东北亚各国开展城市外交的地缘优势。中韩、中日等各国人民之间的交往有着得天独厚的地理优势。隔海相望、一衣带水的中韩两国之间更是有“威海鸡鸣仁川闻”的古语，这是对这一地缘特性的生动呈现。习近平主席多次强调“国之交在于民相亲”，目前东北亚各国之间的人文交流和经贸往来都非常密切，山东是重要的桥头堡。韩国是山东省传统的第一大入境客源国，入境游客占全省入境游客接待总量的1/3。[①]目前，山东借助区位优势已与日韩地方政府建立了六对经济合作伙伴关系，并不断拓展在音乐、美术、书法、非物质文化遗产等门类的文化交流活动。青岛、烟台、威海等城市更是借助地缘优势，深入挖掘资源，与韩日的交往日益密切。威海市对韩文化交流，依托友城渠道、民间渠道，采取政府派出、随团访演、出国商演，以及邀请韩方到威海进行展演等形式，有力地推动了中韩文化交流和地方政府之间的合作。目前，青岛机场明确了“面向日韩的区域性门户枢纽”的战略定位，力争到2030年建设成为东北亚国际航空都会，目前每日往返日韩的航班已经达到50余架次[②]，在全国开通日韩方向航线的城市中位居前列，无疑这一优势对于发展城市外交是极为有利的。

---

① 《“好客山东”入韩营销530名韩国旅游界人士成山东旅游专家》，《齐鲁晚报》2016年12月26日。

② 周建亮：《青岛，打造“一带一路”交通枢纽》，《青岛日报》2018年6月5日。

四、山东城市外交的相对不足

虽然山东有着悠久的历史和繁荣的文化，多个层面的官方与民间交流也日益频繁，并在“一带一路”倡议的大框架下与东北亚各国交流有着得天独厚的地缘优势，但是整体来看山东在城市外交方面却存在较多的不足，而当前所存在的这些不足对于山东的城市品牌建设以及软力量提升都造成了不利的影响，也在某种程度上制约了山东省内各城市的国际化进程。2018 年 7 月，上海国际问题研究院比较政治和公共政策所发布了 2018 年《城市对外交往活力指数研究报告》，其中上榜的 49 个主要城市中共有 4 座山东城市入围，分别是青岛（第 12 位）、济南（第 25 位）、烟台（第 29 位）、威海（第 37 位）。[①] 虽然整体数量上占比较高，但是在排名位次方面并不占优，且省会济南的首位度并不高。这与多年来山东省及各城市存在的观念保守、实务滞后、定位模糊、传播不力等因素密切相关。

第一，在理论建设和实务推动方面，目前山东整体对城市外交、公共外交的认知较为模糊，至今没有成立正式的公共外交协会或者主管城市外交以及从事城市外交研究的官方机构，民间对此概念的热情也不够强烈。理论是实务的先导，当前在山东省内缺少相应的城市外交理论研究的支撑是很大的一个短板，通观省内高校、社科院以及其他智库或研究机构，专门从事公共外交或城市外交研究的机构几乎为零，而且即便有涉及也形不成合力，目前在中国知网的相关研究文章中，出自山东的成果寥寥无几。在官方层面，至今也没有成立相应的领导机构，相比其

① 上海国际问题研究院城市外交课题组：《城市对外交往活力指数研究报告（2018）》，2018 年 7 月。

他省份或者城市，山东省及省内各城市在这方面的实务工作已大大落后。虽然多个城市提出了国际化的目标和发展战略，但是却没有一座城市使用“城市外交”或者“公共外交”的概念，更不要说以此来指导和推动本城市乃至本省的相关工作的开展了，相应地，也造成了整个社会对这一概念的认知偏差和模糊。笔者曾经与山东某城市政府外事部门的工作人员交流过相关内容，对方则反问“城市和地方政府怎么可能从事外交活动呢”，这样的回答无疑凸显了山东地方官员对城市外交概念的误解以及与时代的脱节。

第二，山东省内城市国际化定位较为模糊，城市品牌定位不够清晰，缺少有力的城市外交传播载体作为支撑，以致造成城市品牌建设薄弱。目前，国内众多城市都提出了明确的城市品牌形象，比如成都、杭州、重庆等省会城市、直辖市都明确了自身的城市定位，积极对接国家战略，就连西部的西宁都借着“世界凉爽城市”的品牌塑造而赢得了来自世界的目光。虽然山东近年来依靠“好客山东”的文化品牌有力提升了山东省的国际和国内影响力，但是省内城市在这方面的品牌意识整体却比较淡薄，尤其是在对外交往方面倾向于保守。近年来，济南提出了“打造四个中心，建设现代泉城”的发展愿景，但是整体而言只是对城市发展属性的拓展和界定，不能说是一种成熟的城市品牌。综合来看，山东省各城市表现出来的城市品牌建设意识是薄弱的，具体的实践也是大大落后于国内其他省份的。这与山东作为东部沿海经济大省和开放性的窗口的地理位置和身份定位严重不符。对于城市外交的发展没有产生积极的推动效应。在当前这个倚重传播力的时代，如此不重视城市外交和城市品牌建设是难以想象的。

第三，在交通方面，目前山东省内各城市的国际航线尤其是洲际航线数量较少，严重落后于山东省的经济发展速度以及社会发展和对外开放的时代需求。省会济南由于地处京沪高铁沿线，所以在高铁建设和车次停靠方面有着较大的优势，而这一优势对于城市的对外交往无疑也是极为有力的，目前有大量的外国游客就是通过北京或上海中转高铁而来到山东济南、曲阜、泰安等旅游城市的。这是值得肯定的一方面。但是，在航空领域却明显暴露出了不足。“2018—2019 年度，青岛机场将在已经开通的 8 条洲际直达航线的基础上，再开通巴黎、迪拜等洲际航线，以及洲际货运直达航线。”①毫无疑问，目前青岛市是山东省最为发达的国际航空港，但是与国内同类城市相比还是存在较大差距。而济南市也仅仅是在 2016 年 12 月初才开通首条洲际航线，由四川航空直飞济南—洛杉矶航线。虽然近年来本土的山东航空公司发展速度很快，但是没有一架宽体客机，至今尚未开通一条洲际航线，与厦门航空、深圳航空、四川航空等位居第二阵营的航空公司的差距逐渐拉大。出现这一问题的关键并不是实力不足，而是观念保守和视野局限的问题。

第四，山东的国际朋友圈有待提升。根据中国国际友好城市联合会的统计数据显示，截至 2018 年 6 月 5 日，山东省及各城市已经与全世界其他国家的地方政府和城市建立起了 187 对友好城市（省份）关系，在国内各省市区中低于江苏省的 314 对和广东省的 188，从 2017 年的第二名跌到第三名。友好城市是宝贵的国际朋友圈资源，总体来看山东在友好省州方面与江苏基本持平，但是在具体的友好城市方面则有较大差距。友好省州与友好城市以及具体分布三省都各有特点。②

① 《今年有望直飞巴黎、迪拜》，《半岛都市报》2018 年 3 月 20 日。

② 以上数据请参见中国国际友好城市联合会网站“友城统计”栏目，中国国际友好城市联合会，http：//www. cifca. org. cn/Web/YouChengTongJi. aspx。

表 1　山东、江苏、广东三省的友好城市（省份）数量

类型 \ 省名	山东省	江苏省	广东省
友好省州	33	35	47
友好城市	154	279	141
合计	187	314	188
友城超过 30 对的城市	无	无	广州
友城超过 20 对的城市	济南、青岛	常州、苏州、无锡	深圳
友城超过 10 对的城市	威海、淄博	南京、扬州、徐州、淮安、南通、镇江	珠海、佛山

资料来源：中国国际友好城市联合会，数据截至 2018 年 6 月 5 日，http：//www.cifca.org.cn/Web/YouChengTongJi.aspx。

如果选择东北亚的日本、韩国和朝鲜作为友好城市的结对国家来看，山东与江苏相比存在一定的差距（见表 2）；由于地缘问题，在与东北亚国家的城市结对方面，广东就没有明显的优势了。所以，地缘位置对友好城市结对以及城市外交的发展是有影响的，相关数据也表明在城市对外交往方面山东还有很大的提升空间。目前，江苏省的南京市和扬州市在公共外交与城市外交方面不仅成立了公共外交协会，还设立了专门的研究机构，近年来城市外交工作发展迅速，国际影响力不断提升。反观山东，因为对公共外交和城市外交等概念的理解存在歧见和偏差，所以至今还很难在认识和实践上有大的突破。

表 2　山东、江苏、广东三省与韩日朝三国的友好城市数量

省名 \ 国名	韩国	日本	朝鲜	合计
山东省	18（省级 2 对）	15（省级 2 对）	2（省级 1 对）	35（省级 5 对）
江苏省	18（省级 1 对）	23（省级 2 对）	1（省级 1 对）	42（省级 4 对）
广东省	10（省级 2 对）	8（省级 1 对）	无	19（省级 3 对）

资料来源：中国国际友好城市联合会，数据截至 2018 年 6 月 5 日，未统计县级城市，http：//www.cifca.org.cn/Web/YouChengTongJi.aspx。

五、结论

综合来看，山东省城市国际化进程中对外交往的发展得益于政府的大力支持、民间的积极参与，以及与国家整体发展战略的积极对接。目前，山东的城市外交工作正面临着“一带一路”倡议发展的大好机遇，尤其是上合组织青岛峰会的召开更是为山东的城市外交注入了新的活力。在这一大的背景下，山东依托自身优势和“一带一路”倡议实现有效的对接，在制度设计、理论创新、规则制定、实践推动等多个方面都有着巨大的发展潜力和实践能力。但是，因为固有的暂时难以克服的主客观困难，所以不可避免地会存在一些不足和短板。未来山东城市外交的发展要克服这些短板，一方面，要依托山东实际情况，突出本土特色，另一方面，又要契合国家发展战略和总体外交要求，只有这样才会让山东的城市外交发展赢得巨大的推动力。

如今，东北亚地区秩序调整进入了新的历史变革期，这对于东北亚各国而言既是机遇也充满着挑战。城市以及地方政府间的跨国合作为灵活解决双边与多边议题提供了一个有效的思路。截至 2018 年 10 月，中日间友城数量已超过 250 对，中韩间也达到了 180 对。相关研究也表明，中日韩“三国间友城的建立与发展为进一步推动三国地方政府加强沟通、增进了解、深化友谊，真正成为好邻居、好朋友、好伙伴做出了积极贡献”。[①] 对于地处东北亚核心位置的山东省而言，面对“一带一路”蓬勃发展和东北亚命运共同体建设的良好局面，如何利用好城市和地方政府间的跨国合作交流以助力东北亚区域和平、稳定与发展，既是参与国家总体外交的重要使命，也是讲好山东故事、传播好山东声音，进一步提升山东和省内各城市国际形象与影响力的应有之义。

① 《第 20 届中日韩友好城市交流大会召开　三国代表签署合作备忘录》，中国新闻网，2018 年 10 月 18 日，http：//www. chinanews. com/gn/2018/10-18/8653362. shtml。